C000153179

Symposium zum Siebten Johann Joachim Becher-Preis

Prof. Dr. Gunnar Schwarting (Hrsg.)

Demografischer Wandel

Herausforderungen für Politik, Wirtschaft
und Gesellschaft

 Nomos

Die Deutsche Nationalbibliothek verzeichnet diese Publikation in
der Deutschen Nationalbibliografie; detaillierte bibliografische
Daten sind im Internet über http://dnb.d-nb.de abrufbar.

ISBN 978-3-8487-5419-9 (Print)
ISBN 978-3-8452-9587-9 (ePDF)

1. Auflage 2018
© Nomos Verlagsgesellschaft, Baden-Baden 2018. Gedruckt in Deutschland. Alle Rechte,
auch die des Nachdrucks von Auszügen, der fotomechanischen Wiedergabe und der
Übersetzung, vorbehalten. Gedruckt auf alterungsbeständigem Papier.

Vorwort

Am 29. Januar 2018 verlieh die Johann-Joachim-Becher-Stiftung zu Speyer zum siebten Mal ihren Becher-Preis. Er stand unter dem Motto: „Demografischer Wandel – Herausforderung für Politik, Wirtschaft und Gesellschaft". Das Thema war bewusst breit umschrieben, um Beiträge aus ganz verschiedenen Disziplinen zu erhalten. Die eingereichten Ideenskizzen reichten daher von Gesundheits- und Rentenpolitik über Vorsorge bei niedrigen Zinsen, internationale Migration, die öffentlichen Finanzen, Mobilität bis hin zu Strategien für ländliche und periphere Räume.

Im Mittelpunkt dieses Bandes stehen die Arbeiten von Dr. Kirsten Mangels und Dipl. Ing. Julia Wohland zur Politik für ländliche Räume sowie Dr. Klaus Opfermann zur Frage der Rentenfinanzierung. Den Festvortrag hielt Prof. Dr. Norbert Schneider, Direktor des Bundesinstituts für Bevölkerungsforschung in Wiesbaden. Als Ergänzung ist eine Kurzfassung der „Regionalstrategie Demografischer Wandel" der Metropolregion Rhein-Neckar – zu der auch Speyer zählt – beigefügt.

Die Johann-Joachim-Becher-Stiftung hofft mit dieser Publikation einen Beitrag zu einer gesellschaftspolitisch hochaktuellen Debatte zu leisten.

Speyer, im Sommer 2018

Inhalt

Laudatio anlässlich der Verleihung des siebten Becher-Preises der Johann Joachim Becher-Stiftung

Gunnar Schwarting

Die Johann Joachim Becher-Stiftung hat ihren siebten Preis unter dem Motto „Demografischer Wandel – Herausforderung für Politik, Wirtschaft und Gesellschaft" ausgelobt. Sie folgt damit einer seit Anbeginn ihrer Tätigkeit vor nunmehr gut 20 Jahren geübten Praxis, Themen in den Mittelpunkt des Wettbewerbs zu stellen, mit denen sich unser Namenspatron in seinen Werken befasst hat. Zum Glück hat Becher ein so breit gefächertes Feld bearbeitet, dass die Stiftung in der Lage war, Themen aus den unterschiedlichsten Fachgebieten aufzugreifen. Der siebte Preis ist wie bereits sein Vorgänger unter dem Motto „Sachverständige Beratung der Politik" ausgeprägt interdisziplinär ausgerichtet – dies zeigen auch die später auszuzeichnenden Arbeiten.

Johann Joachim Becher wurde 1635 in Speyer geboren, also mitten im dreißigjährigen Krieg. In der kurzen Stadtgeschichte, die die Stadt Speyer auf ihrer Homepage veröffentlicht, heißt es über jene Zeit: „Im 30-jährigen Krieg erweist die Stadt sich als kaum verteidigungsfähig, wird aber Zufluchtsort, Lazarett, Versorgungsstation und Truppenlager. Nacheinander besetzen Spanier, Schweden, Franzosen und kaiserliche Truppen Speyer. Erst 1650 rücken die letzten fremden Heere ab, zurück bleiben Schulden, Hunger und Seuchen."[1] Die fehlenden Verteidigungsmöglichkeiten mögen dabei noch von gewissem Vorteil gewesen sein, da der Stadt so langwierige Belagerungen und Beschießungen erspart blieben.

1636, unser Namensgeber ist gerade ein Jahr alt, reist William Crowne durch Deutschland. Speyer hat er leider nicht aufgesucht, aber seine Schilderung der Stadt Mainz zeigt, wie es vielerorts in den verwüsteten Landstrichen ausgesehen haben dürfte:

„Schließlich erreichten wir Mainz … Gegenüber ankerten wir, weil es nichts in der Stadt gab, was uns anzog, seit sie vom König von Schweden

---

1 www.speyer.de/sv_speyer/de/Tourismus/Urlaubsplanung/Stadtporträt/Vom 30-jähri gen Krieg bis zum Wiener Kongress/ (Abruf 17.1.2018.).

eingenommen und völlig zerstört worden war ... Die Menschen waren hier ebenfalls fast verhungert, und die, die die anderen vorher unterstützen konnten, baten nun demütig selbst darum unterstützt zu werden. Nach dem Abendessen bekamen sie alle am Schiff ein Almosen. Doch als sie dessen gewahr wurden, rangen sie so heftig miteinander, dass einige von ihnen in den Rhein fielen und dabei fast ertrunken wären."[2]

Dass sich Becher mit Fragen der Bevölkerungspolitik befasst, erstaunt nicht.[3] Zum einen hat er die Entvölkerung in vielen Regionen Deutschlands vor Augen, zum anderen ist eine aktive Bevölkerungspolitik – oder, um mit seinen Worten zu sprechen: Peuplirungspolitik – ein wichtiges Element der merkantilistischen Wirtschaftslehre, als deren bedeutender Vertreter in Deutschland er gilt. Denn so schreibt er: „Nur der volkreiche und nahrhafte Staat ist auch ein mächtiger Staat." In der Tat galt Frankreich auf Grund seiner großen Bevölkerung von 20 Millionen Menschen im 17. Jahrhundert als die Großmacht in Europa. Anders als Thomas Malthus, der knapp 15 Jahre nach Bechers Tod die großen Gefahren eines ungebremsten Bevölkerungswachstums beschwört, sieht Becher dieses Problem nicht. Im Gegensatz zu Malthus erwartet er ein entsprechendes Wachstum der für die Ernährung einer größeren Bevölkerung erforderlichen Ressourcen. Er setzt also – so würden wir das heute vielleicht übersetzen – auf den Produktivitätsfortschritt. Auf dieses Thema werde ich im Zusammenhang mit einer der drei Arbeiten noch kurz eingehen.

Mit dem Merkantilisten Becher befasste sich im Übrigen der erste Becher-Preis aus dem Jahr 1999. Die damals ausgezeichnete Arbeit von Friedrich von Sell befasste sich unter anderem auch mit Fragen der Migration – Sie sehen, die Stiftung schlägt hier einen großen Bogen. Von Sell thematisierte damals die Auswirkungen der Globalisierung und notierte: „Migration ist ... ein unverzichtbares Element der Abfederung von Aus-

---

2 William Crowne, Ein wahrhafter Bericht aller bemerkenswerter Orte und beobachteten Etappen der Reisen des recht ehrenwerten Thomas Lord Howard, Earl of Arundel and Surrey, Primer Earl and Earl Marshall of England, Sonderbotschafter für seine geheiligte Majestät, Ferdinand II., deutscher Kaiser, im Jahre 1636, neu herausgegeben von Alexander Ritter und Rüdiger Keil unter dem Titel Blutiger Sommer – eine Deutschlandreise im Dreißigjährigen Krieg, Darmstadt 2012, S. 31.
3 Zu Bechers bevölkerungspolitischen Vorstellungen vgl. Carl Böhret, Bildung und Zuwanderung – Bechers Programm einer aktivierenden Bevölkerungspolitik, speyer aktuell 7.1.2014, http://speyer-aktuell.de/becher-und-die-gegenwart/26487-serie-becher-und-die-gegenwart-bildung-und-zuwanderung-bechers-programm-einer-aktivierenden-bevoelkerungspolitik.

wirkungen der Globalisierung im „Norden" der Weltwirtschaft. Durch Zuwanderung entstehen zunächst einmal positive Wohlfahrtseffekte wie bei einer durchgreifenden Handelsliberalisierung ... Mutatis mutandis hat die nationalstaatliche Abschottung vor Migranten ähnlich fatale Konsequenzen wie ein Handelsprotektionismus."[4]

Heute – 20 Jahre später – hat sich das Themenspektrum der Demografiediskussion wesentlich erweitert. Es geht nicht mehr allein um eine „schrumpfende" oder durch Zuwanderung sich „vermehrende" Gesellschaft. Die Wissenschaft befasst sich vielmehr auch mit den Auswirkungen einer alternden Gesellschaft, dem Zusammenhalt sozioökonomischer Milieus, der Sicherung von Dienstleistungen in peripheren Räumen oder den (regionalen) Verschiebungen der finanziellen Ressourcen der öffentlichen Hand. So geht es u.a. darum

- Welche Infrastrukturen benötigt eine sich ändernde Bevölkerungsstruktur?
- Welche Auswirkungen haben das Alter und die Zusammensetzung der Bevölkerung auf Wachstum und Wohlstand?
- Wie gelingt es die Entleerung von Räumen und einen unbegrenzten Zuzug in die urbanen Zentren zu vermeiden?
- Welche finanziellen Ressourcen haben Regionen und lokale Gebietskörperschaften und welche Korrekturmechanismen sind notwendig?
- Wie kann einer potenziellen räumlichen (und mentalen) Segregation von sozioökonomischen Milieus begegnet werden?

Eine Reihe dieser Fragen werden Sie in den späteren Beiträgen unserer Preisträger wiederfinden. Dabei stehen die Entwicklungen in Deutschland, zum Teil mit Blick auf Mitteleuropa, im Vordergrund. Dass sich die Fragen und Probleme in anderen Teilen der Welt ganz anders stellen, will ich hier nur am Rande erwähnen.

Gestatten Sie mir, dass ich Ihnen nun die Preisträger und ihre Arbeiten in alphabetischer Reihenfolge vorstelle. Doch zuvor gilt mein besonderer Dank den Mitgliedern unserer Jury, Frau Prof. Dr. Gabi Troeger-Weiss, Frau Dr. Sonia Hornberger, Herrn Prof. Dr. Roland Rau, Herrn Direktor Ralph Schlusche sowie Herrn Prof. Karl-Peter Sommermann.

---

4 Friedrich von Sell, Chancen und Risiken eines neuen Merkantilismus in einer globalen Welt, in: Heinrich Reinermann und Christian Roßkopf (Hrsg.), Merkantilismus und Globalisierung, Baden-Baden 2000, S. 45.

Gunnar Schwarting

Ich beginne mit der Arbeit von Dr. Kirsten Mangels und Julia Wohland. Beide haben Raum- und Umweltplanung studiert und zu unterschiedlichen Zeiten bei der Entwicklungsagentur Rheinland-Pfalz gearbeitet. Heute sind beide am Lehrstuhl für Regionalentwicklung und Raumordnung der Universität Kaiserslautern tätig. Einer ihrer fachlichen Schwerpunkte ist der demographische Wandel.

Die Autorinnen befassen sich mit den „Herausforderungen für kleine Landstädte und Landgemeinden: Daseinsvorsorge und Ansätze zur Sicherung anhand guter Praxisbeispiele in den Bereichen Mobilität und Gesundheit aus dem europäischen Ausland." Denn selbstverständlich macht es Sinn, Anregungen für die eigenen Aktivitäten auch durch den Blick über die Landesgrenzen hinaus zu suchen. Ihre Beispiele gewinnen die Autorinnen aus Österreich, der Schweiz und aus Schweden.

Ihr erster Untersuchungsgegenstand, die Mobilität – übrigens das Thema des fünften Becher-Preises – ist eine Grundvoraussetzung, um Dienstleistungen in Anspruch nehmen zu können, die nicht am Ort angeboten werden. Das ist ein Thema aller ländlichen Räume. Zwar gibt es auch einige Projekte der aufsuchenden Dienstleistung, der Sparkassen- oder Bücherbus, mögen als Beispiele gelten; oft aber ist eine Fahrt in den nächsten größeren Ort erforderlich. Wer in vielen Teilen Deutschlands versucht, diese Strecken mit öffentlichen Verkehrsmitteln zu bewältigen, versteht rasch, was Mobilitätskonzepte im ländlichen Raum bewirken müssen. Viele der Mitgliedstädte meines früheren Verbandes, des Städtetages in Rheinland-Pfalz, hätte ich ohne Auto kaum aufsuchen können.

Für die innovativen Mobilitätskonzepte, so ein Ergebnis der Autorinnen, ist die aktive Mitwirkung der Bevölkerung ein wichtiger Bestandteil. Gemeindebusse und andere Formen der kleinräumigen Mobilität sind damit ein Beispiel für eine „co-production" zwischen Einwohnerschaft und öffentlicher Hand.

Während Mobilität die Voraussetzung für das Erreichen von Dienstleistungen ist, stellt die Gesundheitsversorgung selbst eine lebensnotwendige Dienstleistung dar. Die Sorge um die ärztliche Versorgung im ländlichen Raum ist – wie wir seit langem wissen – sehr real. Großangelegte Werbekampagnen für die Gewinnung von Landärzten unterstreichen dies. Hier liegt eine große Chance in der Digitalisierung, denn am Beispiel der Pflege zeigen die Autorinnen, wie digitale Angebote die Pflege vor Ort unterstützen und erleichtern können. Gerade die Beispiele aus Nordschweden mit seiner extrem dünnen Besiedlung machen deutlich, dass Pflege auch

12

dezentral geleistet werden kann, wenn der Pflegedienst eben nicht – wie wir das hier in Speyer kennen – rasch von Patient zu Patient fahren kann. Das Bemerkenswerte an der Arbeit ist die Herausarbeitung von Handlungsempfehlungen für die kommunalen Akteure. Sie basieren auf den zuvor ermittelten Erfolgsbedingungen, die die herangezogenen Beispiele aufweisen. Damit lässt sich die Arbeit zugleich für die praktische Politik vor Ort heranziehen. Dass die Metropolregion Rhein-Neckar sich die Ergebnisse im Rahmen der Diskussion zu ihrer Demografiestrategie hat vortragen lassen, unterstreicht diesen Aspekt.

Einen ganz anderen Ansatz verfolgt Dr. Klaus Opfermann. Er ist gelernter Betriebswirt und hat danach – abgesehen von einem Abstecher in die Uhrenindustrie – im Unternehmen BBC, nach Fusion später ABB, in verschiedenen Funktionen gearbeitet. Zuletzt war er dort als Direktor tätig.

Die mit Abstand umfangreichste Arbeit beschäftigt sich mit der Frage, wie sich der Wohlstand in Deutschland im demografischen Wandel entwickeln könnte. Kernelement seiner Überlegungen ist der Produktivitätsfortschritt. Damit greift er jene Überlegung auf, die bereits Becher in seinen „Peuplirungsgedanken" formuliert hat. Doch während bei Becher der Fortschritt mit dem Bevölkerungswachstum Schritt hält, geht Opfermann einen Schritt weiter: Wesentlicher Treiber dieses Fortschritts ist die Digitalisierung, verknüpft mit den unter dem Schlagwort „Industrie 4.0" rubrizierten Veränderungen von Produktionsprozessen. Was bedeutet das für die menschliche Arbeit – wie verändern sich die Beschäftigungsbedingungen quantitativ und qualitativ? Während davon auszugehen ist, dass sich die Qualifikationsanforderungen an menschliche Arbeit weiter erhöhen werden, sind die Auswirkungen auf das Arbeitsvolumen schwerer abzuschätzen.

Dreh- und Angelpunkt ist der Produktivitätsfortschritt. Folgerichtig stellt Opfermann die Frage, ob es Entwicklungen geben kann, die den technischen Fortschritt hemmen könnten. Es muss nicht gleich die Maschinenstürmerei schlesischer Weber sein – aber Fortschrittsskeptizismus ist durchaus zu beobachten.

Opfermann, das darf man unterstellen, teilt nicht die Auffassung von Becher, dass der Produktivitätsfortschritt sich im Gleichklang mit der Bevölkerungsentwicklung bewege. Er erwartet, dass das notwendige Arbeitsvolumen – trotz einer rückläufigen Erwerbsbevölkerung geringer werden könnte. Was also ist zu tun, wenn es so kommt, wenn also Technik Arbeitskraft zumindest teilweise überflüssig macht? Hier verweist Opfermann auf eine aktuelle Diskussion, die der Gründer der dm-Kette Götz

Werner populär gemacht hat. Er gibt zu bedenken, ob nicht dann ein bedingungsloses Grundeinkommen zu erwägen sei. Unter Verweis auf Erfahrungen aus anderen Ländern und das frühere Konzept einer negativen Einkommensteuer diskutiert er die Vorbehalte, aber auch mögliche Ausgestaltungen in Deutschland.

Opfermann beendet seine Arbeit mit einer optimistischen Schlussbemerkung: „Vor uns liegt eine Zeit großer Chancen, welche die Risiken überwiegen. Insbesondere werden wir uns um unsere Altersversorgung nicht sorgen müssen. Die Rente ist dank Produktivitätsfortschritt sicher. Trotz all der aufgezeigten Widrigkeiten können wir zuversichtlich in die Zukunft blicken."

In einem Rückblick auf das Jahrhundert Johann Joachim Bechers verweist Opfermann übrigens darauf, dass „… nach Spanien und Portugal auch die Staaten Nord- und Mitteleuropas … sich zunehmend in die Kolonialisierung der Welt einschalteten und damit globale Handelsströme in Bewegung setzten. Als langfristig besonders bedeutsam erwiesen sich die nordamerikanischen Kolonien Plymouth und Neu-Niederlande." Globalisierung ist mitnichten ein neues Phänomen.

Tobias Vogt und Fanny Kluge wiederum widmen sich den finanzpolitischen Implikationen der demografischen Entwicklung. Frau Dr. Kluge hat Volkswirtschaftslehre studiert, Herr Dr. Vogt Soziologie, Psychologie und Wirtschaftswissenschaften. Beide haben danach am Max-Planck-Institut für demographische Forschung in Rostock gearbeitet. Sie können heute aus ganz unterschiedlichen Gründen nicht dabei sein. Frau Kluge ist derzeit im Mutterschutz, Herr Vogt lehrt derzeit an der Universität Groningen in den Niederlanden und übernimmt in Kürze eine Stiftungsprofessur für Health Demography an der Universität Manipal in Indien.

Die Autoren untersuchen wie sich Finanzströme im öffentlichen Sektor im Zuge des demografischen Wandels entwickeln können. Das ist gerade im föderalen Finanzgeflecht Deutschlands von besonderer Bedeutung. Sehr plakativ und wenig einfühlsam hatten Finanzminister von der „demografischen Rendite" der Kommunen gesprochen, da weniger Plätze in Kindertagesstätten und in Schulen vorzuhalten seien. Damit wollten sie vermutlich das Terrain für künftige Auseinandersetzungen um die Finanzverteilung zwischen den Ebenen vorbereiten.

Vogt und Kluge entwickeln dagegen ein umfassendes Modell, das darstellen soll, wie sich die öffentlichen Budgets insgesamt auf Grund sich ändernder Altersstrukturen entwickeln. Dazu berechnen sie zunächst Altersstrukturprofile sowohl für die Ausgabe- wie für die Einnahmenseite.

Daraus lässt sich der haushaltsrelevante Saldo herausarbeiten. Diese Erkenntnisse gilt es mit den demografischen Prognosen zu verknüpfen. In einem nächsten Schritt werden die Ergebnisse daher in dynamischer Betrachtung auf die demografische Entwicklung der Länder projiziert. Daraus lassen sich dann relative Gewinne und Verluste erkennen.

Die Arbeit könnte damit als methodische Grundlage für eine künftige (Finanz-)Politikgestaltung dienen. Dabei wäre ein „Herunterbrechen" von der Länder- auf die Kommunalebene (zumindest auf die Kreise und kreisfreien Städte) ein nächster wichtiger Schritt. Aber welche politischen Optionen sehen die Autoren auf Grund ihrer Erkenntnisse? Sie geben einige knappe Hinweise, die für die weitere wissenschaftliche und politische Diskussion interessant sein könnten.

Zunächst empfehlen sie den Blick von der starren Fixierung auf die Grenze von 65 Jahren zu lösen und Alter nach den tatsächlichen Gegebenheiten zu definieren. Damit ist ein zweiter Schritt zu einer Verlängerung der Lebensarbeitszeit nicht weit. Mit diesen Hinweisen ist natürlich eine sozialpolitische Dimension angesprochen – die über den eher „(finanz-)technischen" Ansatz der Arbeit weit hinausreicht.

Sehr interessant ist die Betrachtung von Wanderungsbewegungen zwischen peripheren und Metropolregionen durch die Autoren. Denn junge Menschen, die in die Metropolen ziehen, nehmen die Bildung, die ihre Heimatregion finanziert hat, quasi mit sich. Sollen die Herkunftsregionen – ähnlich wie das auch im Sport der Fall ist – eine Vergütung für die geleistete Ausbildung erhalten? Zugegeben, die konkrete Ausgestaltung wäre schwer, da es sich nicht immer um eine einfache 2-Regionen-Beziehung handeln wird.

Ein weiterer finanzpolitischer Aspekt ist die Einbeziehung von differierender demografischer Entwicklung zwischen Gebietskörperschaften in den Finanzausgleich. Ein solches Modell verfolgt das Land Brandenburg (wenn auch nur mit einer geringen Variationsbreite differenzierter Zuweisungshöhen). Ein anderes Konzept wäre ein Risikostrukturausgleich, der in anderen Lebensbereichen gängige Praxis ist. Ob dieser Ausgleich über den Bund oder integriert in den Länderfinanzausgleich erfolgen könnte bzw. sollte, wäre noch ausführlich zu prüfen.

Zusammengenommen vermitteln die Arbeiten einen Ausschnitt aus der Vielfalt der demografiebezogenen Diskussion. Gleichwohl gibt es gewiss noch viel Neues zu entdecken – jede neue Bevölkerungsvorausschätzung führt zu neuen Erkenntnissen und zu neuen Konzepten. Daher, sehr verehrter Herr Professor Schneider, sind wir auf Ihre Ausführungen außerordentlich gespannt.

Bericht über die festliche Verleihung des Johann-Joachim-Becher-Preises am 29. Januar 2018 im Alten Ratssaal in Speyer

Gunnar Schwarting[1]

Vortrag von Prof. Dr. Norbert Schneider, Direktor des Bundesinstitutes für Bevölkerungsforschung

1. Trends des demografischen Wandels – national und global

An den Beginn seiner Ausführungen stellte Prof. Schneider einige grundsätzliche Erwägungen zum Begriff des demografischen Wandels. Dieser sei kein neues Phänomen sondern ein dauerhafter und vielschichtiger Prozess mit wechselnden Tempi und unterschiedlichen Richtungen. Einen „optimalen" Zielzustand dieses Wandels gebe es nicht. Dabei habe der demografische Wandel mehrere Dimensionen; es veränderten sich

- die Größe,
- die Zusammensetzung sowie
- die räumliche Verteilung

von Bevölkerungen. Maßgebliche Einflussfaktoren dieser Entwicklung seien die Fertilität und die Mortalität der Bevölkerung, Migrationsprozesse und Wandlungen in den Familienstrukturen. Doch diese Faktoren und damit auch die Tendenzen der Bevölkerungsentwicklung unterschieden sich sowohl regional wie soziostrukturell. Dabei sei der Einzelne stets Teil einer (Alters-)Kohorte, die die individuellen Lebenschancen wesentlich bestimmt.

Demografische Prozesse könnten nicht allein im nationalen Rahmen sondern müssen auch im weltweiten Zusammenhang gesehen werden. Zunächst werde die Weltbevölkerung von aktuell 7,3 Mrd. Menschen weiter wachsen. Die Schätzungen gingen davon aus, dass 2100 bis zu 11 Mrd. Menschen in der Welt leben werden. Zwar sinke die Geburtenrate, die

---

1 Der Text ist in indirekter Rede gehalten; Zitate aus den von Prof. Schneider verwendeten Folien sind gekennzeichnet.

2014 noch 2,5 Kinder je gebärfähiger Frau betragen habe, doch gleichzeitig steige die Lebenserwartung. Sie betrage für die Kinder, die 2012 geboren wurden, 73 (Mädchen) bzw. 68 (Jungen) Jahre. Das habe zur Folge, dass das Medianalter der Weltbevölkerung, das 2013 30 Jahre betrug bis 2050 auf 36 Jahre ansteigt. Auch die Alterung der Bevölkerung sei also ein globales Phänomen.

Überschätzt würden die Wanderungsbewegungen; seit Jahrzehnten migrierten zwischen 0,6 und 1 % der Weltbevölkerung grenzüberschreitend. So lebten weniger als 3% der Menschen nicht in ihrem Herkunftsland. Dafür sei ein anderer Trend ungebrochen: Der Zuzug in die Städte. 2008 sei das Jahr gewesen, in dem erstmals mehr als 50% der Weltbevölkerung in Städten lebten; dieser Anteil steige weiter.

Nach diesem grundsätzlichen Überblick wandte sich Prof. Schneider dem demografischen Wandel in Deutschland zu. Er verwies auf den „demografischen Dreiklang", d.h.

- Deutschland schrumpfe
- Deutschland altere
- Deutschland werde bunter

Die aktuelle Bevölkerungsvorausschätzung des Statistischen Bundesamtes weise – je nach den Annahmen zur Zuwanderung – für 2060 einen Bevölkerungstand zwischen 68 und 72 Millionen Menschen aus. Mit dem unteren Wert werde dann aber lediglich der Stand erreicht, der bereits 1950 gegolten habe. Allerdings, so eine seiner Kernbotschaften, sei der insgesamt prognostizierte Bevölkerungsrückgang nicht gleichmäßig über alle Regionen verteilt. Es gebe im Gegenteil auch ausgeprägte Wachstumsregionen, so z.B. die Oberrheinschiene in Rheinland-Pfalz. Die Spanne reiche von einem Wachstum von +22% in der Stadt München bis zu einem Rückgang von -32% im Landkreis Oberspreewald-Lausitz.

Deutschlandweit betrachtet steige das Medianalter der Bevölkerung[2]. Lag es 1950 noch bei 36 (Frauen) bzw. 32 (Männer) Jahren, so sei es seit 1970 deutlich gestiegen. Im Jahre 2015 habe es 48 bzw. 45 Jahre betragen. Danach werde die Entwicklung langsamer verlaufen, so dass 2060 ein Medianalter von 52 bzw. 49 Jahren erreicht werde.

---

2 Das Medianalter teilt die Bevölkerung in zwei Hälften, d.h. 50% der Bevölkerung sind jünger bzw. älter.

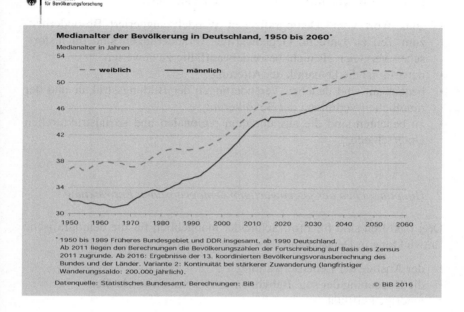

Medianalter der Bevölkerung in Deutschland, 1950 bis 2060*

Medianalter in Jahren

* 1950 bis 1989 Früheres Bundesgebiet und DDR insgesamt, ab 1990 Deutschland.
Ab 2011 liegen den Berechnungen die Bevölkerungszahlen der Fortschreibung auf Basis des Zensus 2011 zugrunde. Ab 2016: Ergebnisse der 13. koordinierten Bevölkerungsvorausberechnung des Bundes und der Länder. Variante 2: Kontinuität bei stärkerer Zuwanderung (langfristiger Wanderungssaldo: 200.000 jährlich).

Datenquelle: Statistisches Bundesamt, Berechnungen: BiB   © BiB 2016

Auch dieser Prozess verlaufe regional sehr unterschiedlich. So werde das Medianalter in Frankfurt bis 2030 kaum, im Landkreis Kusel hingegen um gut 10 Jahre auf über 52 Jahre ansteigen.

Deutschland, so Prof. Schneider, sei generell ein Einwanderungsland. Betrachte man die Entwicklung seit der Wiedervereinigung, so habe die Zahl der Zuzüge fast immer über den Fortzügen gelegen. Lediglich 2008, zum Zeitpunkt der weltweiten Finanz- und Wirtschaftskrise habe es eine Ausnahme gegeben; in diesem Jahr seien einerseits die Zuzüge gesunken, andererseits die Fortzüge gestiegen. Dadurch verändere sich auch die soziokulturelle Zusammensetzung der Bevölkerung. 2015 habe es 17,1 Millionen Menschen mit Migrationshintergrund gegeben. Aber auch hier zeige sich ein sehr differenziertes Bild. Während ihr Anteil in den ostdeutschen Ländern generell unter 10% liege, betrage der Anteil in großen Teilen Nordrhein-Westfalens, in Berlin, im Rhein-Main-Gebiet und in der Metropolregion Rhein-Neckar, am Oberrhein und im Großraum München 25% und mehr.

In einem Zwischenfazit stellte Prof. Schneider fest:

- „das Wort vom ‚Demografischen Wandel' suggeriert Besonderheit, zum Teil zu Unrecht. Gegenwärtige Veränderungen sind im historischen Vergleich als nicht besonders auffällig zu bewerten
- neuartig ist die Dynamik der Alterung
- bedeutsam sind daneben Veränderungen der Bildungsstruktur und der räumlichen Verteilung der Bevölkerung
- zu beachten sind die ausgeprägten regionalen und sozialstrukturellen Unterschiede."

2. Hauptursachen der gegenwärtigen demografischen Entwicklung

Drei Faktoren sind für Prof. Schneider maßgeblich für die demografische Entwicklung in Deutschland:

- der Anstieg der Lebenserwartung
- die Bedeutung der sog. Babyboomer-Generation sowie die
- niedrige Fertilität

Die Lebenserwartung sei in Deutschland in den letzten 100 Jahren wesentlich gestiegen (s. Tabelle)

Sterblichkeit und Lebenserwartung in Deutschland in Jahren

Jahr	Männer			Frauen		
	Medianalter der Verstorbenen	Mittlere Lebenserwartung im Alter von 65	Lebenserwartung bei Geburt	Medianalter der Verstorbenen	Mittlere Lebenserwartung im Alter von 65	Lebenserwartung bei Geburt
1911	69	11		69	10	
2011	80	18		85	22	
2016			78			83

Quelle:

Im 19.Jhdt. sei es vor allem der Rückgang der Kindersterblichkeit gewesen, der zu einem Anstieg der mittleren Lebenserwartung beigetragen habe. Dagegen sei das immer höhere erreichbare Lebensalter, in jüngster Zeit ein Lebensalter von mehr als 80 Jahren der dominierende Faktor. Dies zeige ein sehr langfristiger Vergleich über die letzten 150 Jahre:

Beitrag der verschiedenen Altersgruppen zur jeweiligen Zunahme der Lebenserwartung von Frauen im Zeitverlauf (in%)

Alter	1850 – 1900	1950 – 1975	1990 – 2007
0 – 14	**62**	30	6
15 – 49	29	18	5
50 – 64	5	16	11
65 – 79	3	28	**37**
80+	0	8	**41**
Σ	100	100	100

Die Kindersterblichkeit spiele heute keine Rolle, denn nur 0,045% aller Verstorbenen seien 2011 jünger als 5 Jahre gewesen. Die weltweit nach wie vor bestehende Dramatik der Kindersterblichkeit zeige sich allerdings daran, dass in Afrika südlich der Sahara 45% der Kinder vor ihren 5. Geburtstag nicht erlebten.

Die Generation der zwischen 1955 und 1970 Geborenen werde in der Bevölkerungsforschung als Babyboomer bezeichnet. Sie markiere in der Bevölkerungspyramide die Gruppe der 2015 45- bis 60-jährigen. Sie wachse langsam in das Rentenalter. Das führe zu einer Umkehrung des Bildes von der „tannenbaumähnlichen" Alterspyramide.

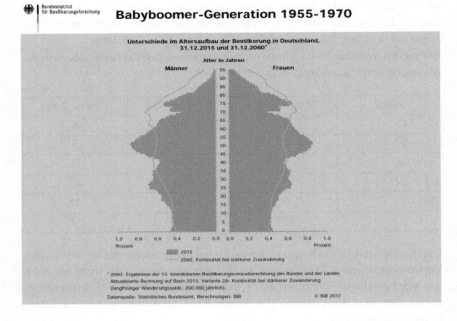

Babyboomer-Generation 1955-1970

Bundesinstitut
für Bevölkerungsforschung

Unterschiede im Altersaufbau der Bevölkerung in Deutschland,
31.12.2015 und 31.12.2060*

* 2060: Ergebnisse der 13. koordinierten Bevölkerungsvorausberechnung des Bundes und der Länder,
Aktualisierte Rechnung auf Basis 2015, Variante 2A: Kontinuität bei stärkerer Zuwanderung
(langfristiger Wanderungssaldo: 200.000 jährlich).
Datenquelle: Statistisches Bundesamt, Berechnungen: BiB   © BiB 2017

Schließlich, so führte Prof. Schneider aus, müsse die Fertilität in Betracht gezogen werden. Zwar seien die Geburten in den letzten 5 Jahren auf fast 800.000 angestiegen; allerdings sei damit nur etwas mehr der Stand des Jahres 2000 erreicht worden. Die Kinderzahl je Frau liege schon seit Mitte der 30er Jahre des vorigen Jahrhunderts deutlich unter 2, d.h. eine Reproduktion der Bevölkerung finde seither nicht statt; die Kinderzahl je Frau bewege sich seit den 70er Jahren um einen Wert von 1,5. Dabei sei zu beobachten, dass die Mütter immer älter würden. Bekamen Frauen ihr erstes Kind bis 1970 im Durchschnitt im Alter von 24/25 Jahren, so stieg dieses Alter auf mittlerweile 31 Jahre an. In Ostdeutschland sei das Geburtsalter vor der Wiedervereinigung deutlich niedriger gewesen; *das sei möglicherweise auch auf die bevorzugte Vergabe von Wohnungen an Familien mit Kindern zurückzuführen.* Inzwischen gebe es allerdings keinen signifikanten Unterschied mehr in Deutschland. Das bedeute, dass der Abstand zwischen den Generationen größer geworden sei.

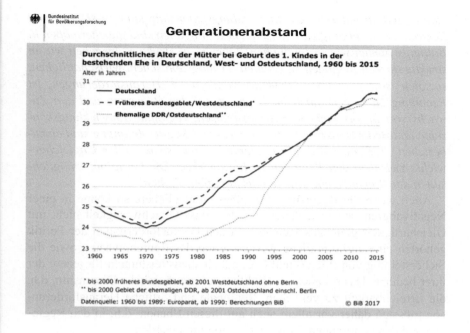

Generationenabstand

Durchschnittliches Alter der Mütter bei Geburt des 1. Kindes in der bestehenden Ehe in Deutschland, West- und Ostdeutschland, 1960 bis 2015

* bis 2000 früheres Bundesgebiet, ab 2001 Westdeutschland ohne Berlin
** bis 2000 Gebiet der ehemaligen DDR, ab 2001 Ostdeutschland einschl. Berlin
Datenquelle: 1960 bis 1989: Europarat, ab 1990: Berechnungen BiB   © BiB 2017

3. Herausforderungen des demografischen Wandels

Hier sieht Prof. Schneider drei Bereiche gefordert:

- die Politik, die gleichwertige Lebensverhältnisse gewährleisten müsse
- die Wirtschaft, die Antworten auf den Fachkräftebedarf und das verfügbare Arbeitsangebot sowie auf ein verändertes Nachfrageverhalten einer alternden Gesellschaft suche
- die Gesellschaft selbst, die mit der wachsenden Vielfalt und dem raschen sozialen Wandel umzugehen lernen müsse.

Das Grundgesetz spreche zum einen von einer Gleichwertigkeit (Art. 72 Abs. 2 GG), zum anderen von der Einheitlichkeit (Art. 106 Abs. 3 GG) der Lebensverhältnisse. Eine nähere Konkretisierung dieser Rechtsbegriffe gebe auch das Raumordnungsgesetz nicht. Dort heißt es (§ 2 Abs. 3 Satz 1):

Im Gesamtraum der Bundesrepublik Deutschland und in seinen Teilräumen sind ausgeglichene soziale, infrastrukturelle, wirtschaftliche, ökologische und kulturelle Verhältnisse anzustreben. Dabei ist die nachhaltige Daseinsvorsorge zu sichern, nachhaltiges Wirtschaftswachstum und Inno-

vation sind zu unterstützen, Entwicklungspotenziale sind zu sichern und Ressourcen nachhaltig zu schützen. Diese Aufgaben sind gleichermaßen in Ballungsräumen wie in ländlichen Räumen, in strukturschwachen wie in strukturstarken Regionen zu erfüllen. Demographischen, wirtschaftlichen, sozialen sowie anderen strukturverändernden Herausforderungen ist Rechnung zu tragen, auch im Hinblick auf den Rückgang und den Zuwachs von Bevölkerung und Arbeitsplätzen; regionale Entwicklungskonzepte und Bedarfsprognosen der Landes- und Regionalplanung sind einzubeziehen. Auf einen Ausgleich räumlicher und struktureller Ungleichgewichte zwischen den Regionen ist hinzuwirken. Die Gestaltungsmöglichkeiten der Raumnutzung sind langfristig offenzuhalten.

Auch wenn die Rechtsbegriffe unbestimmt blieben, so könne in einer Negativabgrenzung festgehalten werden, dass Gleichwertigkeit nicht mit Gleichartigkeit gleichzusetzen sei. Zu den Herausforderungen der Politik gehörten eine auskömmliche Ausgestaltung des Rentenniveaus sowie die Sicherstellung von Pflege- und Gesundheitsdienstleistungen für jeden, der ihrer bedürfe. Das sei auch im Hinblick auf die räumliche Dimension, d.h. die Erreichbarkeit zu verstehen. Regionale und örtliche Herausforderungen müssten daher vor allem auch auf diesen Ebenen, d.h. in den Regionen und den Kommunen, in Angriff genommen werden.

Der Bevölkerungsrückgang mache sich vor allem im Erwerbspersonenpotential bemerkbar. Die erwerbsfähige Bevölkerung, definiert als Altersgruppe zwischen 20 und 67 Jahren, gehe von aktuell gut 50 Mio. Personen auf 41 Mio. ohne Zuwanderung bzw. 45 Mio. bei einer Zuwanderung von 200.000 p.a. zurück. Gleichzeitig steige das Durchschnittsalter der Erwerbstätigen kontinuierlich an und habe inzwischen 43 Jahre erreicht.

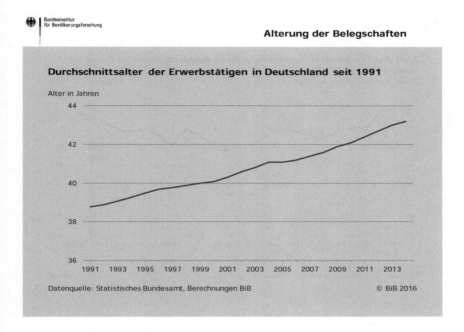

Bundesinstitut
für Bevölkerungsforschung

Alterung der Belegschaften

Durchschnittsalter der Erwerbstätigen in Deutschland seit 1991

Alter in Jahren

Datenquelle: Statistisches Bundesamt, Berechnungen BiB   © BiB 2016

Von dieser Entwicklung sei im Moment noch nichts zu spüren, denn die Zahl der Erwerbstätigen sei in den letzten 20 Jahren deutlich gestiegen. Habe sie 1991 noch 39 Mio. Personen betragen, seien es gegenwärtig gut 44 Mio. Allerdings sei das Arbeitsvolumen gleich geblieben, d.h. die geleisteten Arbeitsstunden je Erwerbstätigen seien im Zeitablauf rückläufig gewesen.

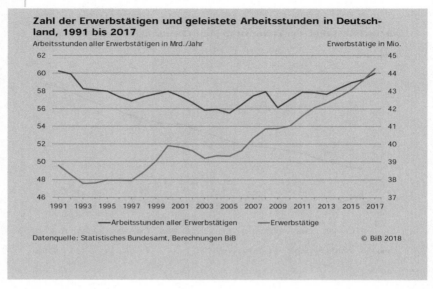

Zahl der Erwerbstätigen und geleistete Arbeitsstunden in Deutschland, 1991 bis 2017

Arbeitsstunden aller Erwerbstätigen in Mrd./Jahr

Erwerbstätige in Mio.

—Arbeitsstunden aller Erwerbstätigen ——Erwerbstätige

Datenquelle: Statistisches Bundesamt, Berechnungen BiB

© BiB 2018

Gehe es für die Wirtschaft in Zukunft darum, Fachkräfte zu finden und an das Unternehmen zu binden, so bedeute der Wandel für den Einzelnen eine deutliche Abkehr vom klassischen 3-Phasen Modell des Lebenslaufs mit Ausbildung, Arbeit und Ruhestand. Das Lernen sei mit der Ausbildung nicht abgeschlossen sondern setze sich kontinuierlich fort und erfasse auch die Phase des Ruhestands. Die verbesserte Gesundheit verlängere die Jahre des mittleren Erwachsenenlebens; diese umfasse neben der Erwerbstätigkeit auch die Übernahme ehrenamtlicher Aufgaben über den Eintritt in den Ruhestand hinaus. Schließlich seien die Lebensphasen nicht streng voneinander geschieden sondern durch flexible Übergänge gekennzeichnet.

Für die Gesellschaft konstatierte Prof. Schneider

- „Der demografische Wandel und seine Konsequenzen sind kein unausweichliches Schicksal, sondern Herausforderungen, verbunden mit der Chance zur gesellschaftlichen Erneuerung.
- Steigende Vielfalt erfordert hohe Toleranz und Akzeptanz, aber auch die Setzung normativer Leitplanken.

- Wachsende Diversität erfordert stärkere Nachfrageorientierung gesellschaftlicher Organisationen (Bsp. Kinderbetreuung und Schulsysteme)"

Fazit

„Der demografische Wandel stellt hohe Herausforderungen an Politik und Zivilgesellschaft.

Die demografische Entwicklung ist kein Anlass für Untergangs- und Krisenszenarien, aber Ursache und Anlass für gesellschaftlichen Wandel.

Die Bewältigung des Wandels findet vor allem in den Regionen und Kommunen statt."

Demografischer Wandel – Herausforderungen für kleine Landstädte und Landgemeinden: Daseinsvorsorge und Ansätze zur Sicherung anhand guter Praxisbeispiele in den Bereichen Mobilität und Gesundheit aus dem europäischen Ausland

Kirsten Mangels/Julia Wohland

1 Einleitung

1.1 Problemstellung

„Weniger – Älter – Bunter", der demografische Wandel wird enorme Auswirkungen auf die zukünftige Entwicklung von Städten und Gemeinden haben. Gerade kleine Kommunen in ländlichen Räumen stehen aufgrund des demografischen Wandels und der damit verbundenen Schrumpfung und Alterung der Bevölkerung vor großen Herausforderungen. Eine veränderte Nachfrage an Infrastrukturen und Dienstleistungen sowie infrastrukturelle Tragfähigkeitsprobleme sind die Folge. Um eine zukunftsfähige Entwicklung von Städten und Gemeinden gewährleisten zu können, ist die Schaffung, Sicherung und Erhaltung von Infrastrukturen und Dienstleistungen und somit die Gewährleistung der Daseinsvorsorge von zentraler Bedeutung. Kleine Kleinstädte und Landgemeinden haben in der Regel wenige personelle und finanzielle Ressourcen, um den Herausforderungen, die der „Auftrag Daseinsvorsorge" mit sich bringt, entsprechend gewachsen zu sein und Einrichtungen und Dienstleistungen der Daseinsvorsorge (weiterhin) für die verbleibende Bevölkerung angemessen bereitstellen zu können. Eine Überforderung der Kommunen kann aufgrund der Komplexität des Themas schnell eintreten.

In Deutschland ist das Thema der Daseinsvorsorge eng verknüpft mit dem Postulat der Herstellung gleichwertiger Lebensverhältnisse nach Artikel 72 Abs. 2 Grundgesetz. Hinsichtlich der Zuständigkeit für Daseinsvorsorgeleistungen ist letztendlich das Subsidiaritätsprinzip von zentraler Bedeutung. Die rechtliche Verankerung dieses Prinzips findet sich in Artikel 28 Abs. 2 des Grundgesetzes, in dem die kommunale Selbstverwaltung niedergelegt ist. Überwiegend werden die Leistungen der Daseinsvorsorge entsprechend auf der kommunalen Ebene durch Gemeinden oder Landkreise bereitgestellt. In der Mehrzahl der Gemeinden im ländlichen Raum richtet sich das kommunal erbrachte Angebot sozialer und technischer Infrastrukturen hauptsächlich an die lokale Bevölkerung.

Nach der Städte- und Gemeindetypisierung des Bundesinstituts für Bau-, Stadt- und Raumforschung (BBSR) gibt es in Deutschland insgesamt 9.159[1] kleine Kleinstädte und Landgemeinden, in denen rund ein Viertel der Bevölkerung leben.[2] Rund drei Viertel liegen in ländlichen Räumen, insbesondere Landgemeinden liegen mit knapp 80% überwiegend in ländlichen Räumen.[3] Dies verdeutlicht die hohe Bedeutung der Thematik.

Kleine Kleinstädte und Landgemeinden im ländlichen Raum stehen vor ähnlichen Herausforderungen, um ihre Attraktivität als Wohn- und Arbeitsort zu erhalten und die Daseinsvorsorge zu sichern. Dies ist nicht nur in den ländlichen Räumen der Bundesrepublik ein Thema – europaweit stehen Kommunen und Regionen vor diesen Herausforderungen. Benötigt werden neue Vorgehensweisen und Lösungsansätze, um Infrastrukturen und Dienstleistungen der Daseinsvorsorge erhalten und schaffen zu können. Dabei können Good-Practice-Beispiele, auch aus den europäischen Nachbarländern und der Austausch über Erfahrungen helfen, Projekte zur Sicherung der Daseinsvorsorge zu initiieren und zu realisieren.

---

1 Vgl. Homepage Bundesinstitut für Bau-, Stadt- und Raumforschung (BBSR): Download Stadt- und Gemeindetyp, aufgerufen unter: http://www.bbsr.bund.de/BBSR/DE/Raumbeobachtung/Raumabgrenzungen/StadtGemeindetyp/Downloadangebote.html?nn=443182, Zugriff 15.12.2016.
2 Vgl. Homepage Bundesinstitut für Bau-, Stadt- und Raumforschung (BBSR): Stadt- und Gemeindetypen in Deutschland, aufgerufen unter: http://www.bbsr.bund.de/BBSR/DE/Raumbeobachtung/Raumabgrenzungen/StadtGemeindetyp/StadtGemeindetyp_node.html, Zugriff 12.12.2016.
3 Eigene Berechnungen nach: Homepage Bundesinstitut für Bau-, Stadt- und Raumforschung (BBSR): Stadt- und Gemeindetypen, aufgerufen unter: http://www.bbsr.bund.de/BBSR/DE/Raumbeobachtung/Raumabgrenzungen/StadtGemeindetyp/Downloadangebote.html?nn=443182, Zugriff 25.1.2017 und Homepage Bundesinstitut für Bau-, Stadt- und Raumforschung (BBSR): Siedlungsstrukturelle Kreistypen, aufgerufen unter: http://www.bbsr.bund.de/BBSR/DE/Raumbeobachtung/Raumabgrenzungen/Kreistypen4/Downloadangebote.html?nn=443222, Zugriff 25.1.2017.

1.2 Zielsetzung

Ziel der vorliegenden Ausarbeitung ist es, zentrale Herausforderungen des demografischen Wandels in Bezug zur Sicherung der Daseinsvorsorge in kleinen Kommunen im ländlichen Raum darzustellen sowie Ansätze zur Sicherung, auch im europäischen Kontext, aufzuzeigen. Dabei wird der Schwerpunkt auf Ansätze aus dem Bereich der Raumordnung und Regionalentwicklung gelegt. Aufgrund der besonderen Bedeutung der Sicherung der Mobilität im ländlichen Raum zur Erreichbarkeit u.a. von Einrichtungen der Daseinsvorsorge sowie der, aufgrund der Alterung der Gesellschaft, aktuellen Diskussion zur Gewährleistung der Gesundheitsfürsorge in ländlichen Räumen wird der Schwerpunkt der Ausarbeitungen in diesen beiden Themenfeldern liegen. Abschließend werden aufbauend auf den analysierten und dargestellten Ansätzen, strategische Handlungsempfehlungen für kleine Kleinstädte und Landgemeinden formuliert.

Vor diesem Hintergrund stellen sich die folgenden forschungsleitenden Fragen:

- Welche Auswirkungen hat der demografische Wandel auf die Sicherung der Daseinsvorsorge und welche Herausforderungen ergeben sich daraus insbesondere für kleine Kleinstädte und Landgemeinden in ländlichen Räumen?
- Welche Ansätze gibt es zur Sicherung der Daseinsvorsorge?
- Welche guten Beispiele für kleine Kommunen und Landgemeinden gibt es an Strategien und Projekten zur Sicherung der Daseinsvorsorge im europäischen Ausland?
- Welche Erfolgsfaktoren lassen sich aus den europäischen Beispielen ableiten?
- Welche Handlungsempfehlungen lassen sich aus der Untersuchung für kleine Kleinstädte und Landgemeinden aussprechen?

1.3 Vorgehensweise und Methodik

Die derzeitige und zukünftige Situation in ländlichen Räumen in Bezug auf den demografischen Wandel und die Sicherung der Daseinsvorsorge wird anhand einer Literatur-, Dokumenten- und Internetrecherche dargestellt. Im Rahmen des Beitrages werden Herausforderungen des demografischen Wandels für kleine Kleinstädte und Landgemeinden im ländlichen Raum in Bezug auf ihre Sicherung der Daseinsvorsorge skizziert.

Auch die Darstellung der Ansätze zur Sicherung der Daseinsvorsorge erfolgt zunächst anhand einer Literatur- und Dokumentenrecherche. Die europäischen gute Beispielprojekte für kleine Kleinstädte und Landgemeinden beruhen auf drei durchgeführten internationalen Informations- und Erfahrungsaustauschen (als Fachexkursionen) der Begleitforschung „Internationale Erfahrungen" des Aktionsprogrammes regionale Daseinsvorsorge als Modellvorhaben der Raumordnung (MORO).

Die guten Projektbeispiele werden vorgestellt, hinsichtlich ihrer Leistungsfähigkeit für das Themenfeld „Auftrag Daseinsvorsorge" erörtert und Erfolgsfaktoren herausgestellt. Die Untersuchung ist im Rahmen der Begleitforschung „Internationale Erfahrungen" des Aktionsprogrammes regionale Daseinsvorsorge als Modellvorhaben der Raumordnung (MORO) entstanden, entsprechend findet dieser Untersuchungsschritt auf Basis von Internetrecherchen, Literaturanalysen sowie Präsentationen und Expertengesprächen vor Ort statt.

Abschließend werden Handlungsempfehlungen für kleine Kleinstädte und Landgemeinden in Deutschland abgeleitet. Dabei soll hauptsächlich auf die beiden Aspekte „Was können wir von den europäischen Projektbeispielen lernen?" und „Was können wir zukünftig tun, um die Daseinsvorsorge zu sichern?" eingegangen werden.

2 Herausforderung (Sicherung der) Daseinsvorsorge in kleinen Kleinstädten und Landgemeinden im ländlichen Raum

2.1 Was sind kleine Kleinstädte und Landgemeinden?

Zur Beantwortung dieser Frage beziehen sich die Verfasserinnen auf die Raumabgrenzung sowie die Stadt- und Gemeindetypisierung der laufenden Raumbeobachtung des Bundesinstituts für Bau-, Stadt- und Raumforschung (BBSR).

In Deutschland gibt es nach der Städte- und Gemeindetypisierung des BBSR insgesamt 3.430 kleine Kleinstädte und 5.729[4] Landgemeinden, in

---

4 Vgl. Homepage Bundesinstitut für Bau-, Stadt- und Raumforschung (BBSR): Download Stadt- und Gemeindetyp, aufgerufen unter: http://www.bbsr.bund.de/BB SR/DE/Raumbeobachtung/Raumabgrenzungen/StadtGemeindetyp/Downloadangeb ote.html?nn=443182, Zugriff 15.12.2016.

denen rund 20 Millionen Menschen, also ein Viertel der Bevölkerung leben.[5]

Abbildung 1 zeigt die räumliche Verteilung. Vor allem Bayern, Thüringen, Mecklenburg-Vorpommern, Schleswig-Holstein, aber auch Rheinland-Pfalz weisen einen hohen Flächenanteil an kleinen Kleinstädten und Landgemeinden auf. Kriterien zur Einordnung „sind die Größe der Gemeinde (Bevölkerungszahl) und ihre zentralörtliche Funktion" [6]

Zur Einordung als Landgemeinde darf eine Gemeinde im Gemeindeverband oder die Einheitsgemeinde nur weniger als 5.000 Einwohner und/oder keine grundzentrale Funktion haben. Zur Einordnung als Stadt muss „eine Gemeinde innerhalb eines Gemeindeverbandes oder die Einheitsgemeinde selbst mindestens 5.000 Einwohner oder mindestens grundzentrale Funktion" [7] haben. Dabei wird die Gruppe der Städte weiter unterschieden in Großstadt, Mittelstadt und Kleinstadt. Eine Kleinstadt ist eine „Gemeinde eines Gemeindeverbandes oder Einheitsgemeinde mit 5.000 bis unter 20.000 Einwohnern oder mindestens grundzentraler Funktion. Die Gruppe der Kleinstädte kann unterschieden werden in Größere Kleinstadt mit mind. 10.000 Einwohnern in der Gemeinde eines Gemeindeverbandes oder Einheitsgemeinde, Kleine Kleinstadt mit weniger als 10.000 Einwohnern." [8]

---

5 Vgl. Homepage Bundesinstitut für Bau-, Stadt- und Raumforschung (BBSR): Stadt- und Gemeindetypen in Deutschland, aufgerufen unter: http://www.bbsr.bund.de/BB SR/DE/Raumbeobachtung/Raumabgrenzungen/StadtGemeindetyp/StadtGemeindet yp_node.html, Zugriff 12.12.2016.
6 Ebenda.
7 Ebenda.
8 Ebenda.

Abbildung 1: Lage von kleineren Kleinstädten und Landgemeinden in Deutschland

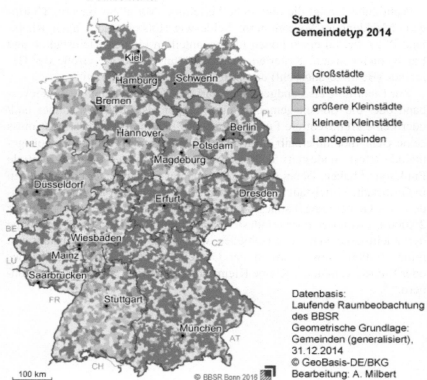

Quelle: Homepage Bundesinstitut für Bau-, Stadt- und Raumforschung (BBSR): Stadt-
und Gemeindetypen in Deutschland, aufgerufen unter: http://www.bbsr.bund.de/BBSR
/DE/Raumbeobachtung/Raumabgrenzungen/StadtGemeindetyp/StadtGemeindetyp_no
de.html, Zugriff 12.12.2016.

Abbildung 2 zeigt, dass Landgemeinden mit 35 % den größten Flächenanteil an der Gesamtfläche Deutschlands einnehmen. Gemeinsam mit kleinen Kleinstädten machen sie knapp 65% des Flächenanteils in Deutschland aus. In kleinen Kleinstädten und Landgemeinden leben rund ein Viertel der Bevölkerung Deutschlands.

Abbildung 2: Bevölkerungs- und Flächenanteil in kleinen Kleinstädten und Landgemeinden in Deutschland

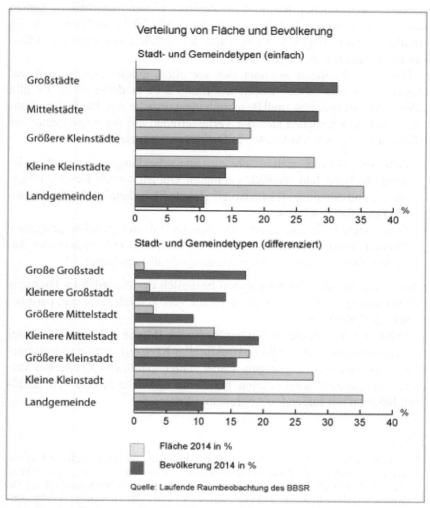

Quelle: Homepage Bundesinstitut für Bau-, Stadt- und Raumforschung (BBSR): Stadt- und Gemeindetypen in Deutschland, aufgerufen unter: http://www.bbsr.bund.de/BBSR /DE/Raumbeobachtung/Raumabgrenzungen/StadtGemeindetyp/StadtGemeindetyp_no de.html, Zugriff 12.12.2016.

Etwa drei Viertel der kleinen Kleinstädte und Landgemeinden liegen im ländlichen Raum, vor allem Landgemeinden liegen mit knapp 80% überwiegend im ländlichen Raum. [9] Im Zentrum dieser Ausarbeitung stehen demnach Kommunen mit bis zu maximal 10.000 Einwohnern, die im ländlichen Raum liegen und insgesamt der Wohnort von rund 20 Millionen Bürgerinnen und Bürgern sind.

Der ländliche Raum zeichnet sich vor allem durch seine Vielfalt und Heterogenität aus. „Den" ländlichen Raum gibt es dabei nicht. Es gibt zahlreiche Definitionen und Beschreibungsversuche des ländlichen Raumes. Auch hier beziehen sich die Verfasserinnen auf die Abgrenzung des BBSR, das folgende Merkmale zur Definition heranzieht:

- zum einen die Besiedelung, die zur Unterscheidung zwischen überwiegend städtisch und ländlich geprägten Gebieten nach Bevölkerungsdichte und Siedlungsflächenanteil (lokale/kleinräumige Maßstabsebene) klassifiziert wird, sowie
- zum anderen die Lage, die zwischen zentral und peripher gelegenen Räumen unterscheidet, „klassifiziert nach potenziell erreichbarer Tagesbevölkerung; (regionale/großräumige Maßstabsebene)."[10]

Somit unterscheiden die Raumtypen bezüglich der Besiedelung ländliche und städtische Gebiete sowie bei der Lage sehr zentrale, zentrale, periphere, sehr periphere Lage.

Abbildung 3 zeigt die Verteilung ländlicher Räume in Deutschland. Bei der Klassifizierung in „siedlungsstruktureller Kreistyp" werden Siedlungsstrukturmerkmale herangezogen. Dabei zählen „ländliche Kreise mit Verdichtungsansätzen" sowie „dünn besiedelte ländliche Kreise" zu ländlichen Räumen mit folgenden Abgrenzungskriterien:

---

9 Eigene Berechnungen nach: Homepage Bundesinstitut für Bau-, Stadt- und Raumforschung (BBSR): Stadt- und Gemeindetypen, aufgerufen unter: http://www.bbsr.bund.de/BBSR/DE/Raumbeobachtung/Raumabgrenzungen/StadtGemeindetyp/Downloadangebote.html?nn=443182, Zugriff 25.1.2017 und Homepage Bundesinstitut für Bau-, Stadt- und Raumforschung (BBSR): Siedlungsstrukturelle Kreistypen, aufgerufen unter: http://www.bbsr.bund.de/BBSR/DE/Raumbeobachtung/Raumabgrenzungen/Kreistypen4/Downloadangebote.html?nn=443222, Zugriff 25.1.2017.
10 Homepage Bundesinstitut für Bau-, Stadt- und Raumforschung (BBSR): Siedlungsstrukturelle Kreistypen, aufgerufen unter: http://www.bbsr.bund.de/BBSR/DE/Raumbeobachtung/Raumabgrenzungen/Kreistypen4/Downloadangebote.html?nn=443222, Zugriff 25.1.2017.

- „Ländliche Kreise mit Verdichtungsansätzen: Kreise mit einem Bevölkerungsanteil in Groß- und Mittelstädten von mind. 50%, aber einer Einwohnerdichte unter 150 E./km², sowie Kreise mit einem Bevölkerungsanteil in Groß- und Mittelstädten unter 50% mit einer Einwohnerdichte ohne Groß- und Mittelstädte von mind. 100 E./km²
- Dünn besiedelte ländliche Kreise: Kreise mit einem Bevölkerungsanteil in Groß- und Mittelstädten unter 50% und Einwohnerdichte ohne Groß- und Mittelstädte unter 100 E./km²"[11]

Abbildung 3: Ländliche Räume in Deutschland

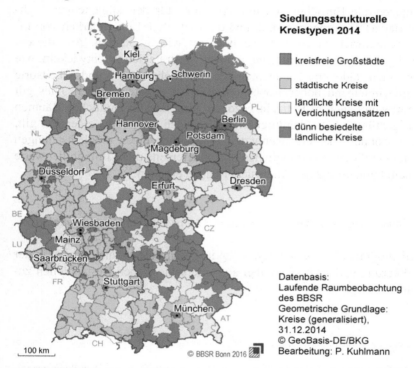

Quelle: Homepage Bundesinstitut für Bau-, Stadt- und Raumforschung (BBSR): Siedlungsstrukturelle Kreistypen, aufgerufen unter: http://www.bbsr.bund.de/BBSR/DE/Ra umbeobachtung/Raumabgrenzungen/Kreistypen4/Downloadangebote.html?nn=44322 2, Zugriff 25.1.2017.

---

11 Ebenda.

Klassische Leistungen, die dem Raumtyp ländlicher Raum zugeschrieben werden, sind „die land- und forstwirtschaftliche Produktion, die Gewinnung von Rohstoffen und Mineralvorkommen, Freizeit und Erholung, die langfristige Sicherung der Wasserversorgung und ökologischer Ausgleich (vgl. u.a. Bundesraumordnungsprogramm)"[12]. Aber gleichzeitig „besitzt der ländliche Raum die quasi eigenen Funktionen als Wohn-, Wirtschafts- und Freizeitraum der ländlichen Bevölkerung."[13]

Kleine Kleinstädte und Landgemeinden zeichnen sich derzeit vor allem durch eine hohe Zufriedenheit hinsichtlich der Lebensqualität ihrer Einwohner aus. Auch wenn in ländlich geprägten Kommunen meist nur „grundzentrale Einrichtungen und Angebote für den allgemeinen, täglichen Bedarf"[14] vorhanden sind, und die fußläufige Erreichbarkeit von Infrastruktureinrichtungen nicht so hoch ist wie in Städten. Aus diesem Grund gilt es insbesondere neue, innovative Strategien zu entwickeln, wie kleine Kleinstädte und Landgemeinden als beliebte Wohn- und Arbeitsorte mit gleichbleibend hoher Versorgungsqualität erhalten bleiben. Dies gilt zudem, wenn auch in Betracht gezogen wird, dass in ländlichen Räumen die Eigentümerquote überdurchschnittlich hoch ist, und es einerseits gilt, den Bewohnern der eigengenutzten Immobilien einen möglichst langen Verbleib in diesen zu ermöglichen und andererseits diese Immobilienwerte vor dem Hintergrund der Alterssicherung zu erhalten.[15]

2.2 Demografischer Wandel in kleinen Kleinstädten und Landgemeinden

Der demografische Wandel beschreibt insgesamt die Veränderungen in der Bevölkerung und setzt sich dabei aus unterschiedlichen Bestandteilen zusammen:

---

12 Henkel, Gerhard (2004): Der Ländliche Raum. Gegenwart und Wandlungsprozesse seit dem 19. Jahrhundert in Deutschland. 4. Auflage. Stuttgart. S. 39.
13 Ebenda.
14 Homepage Bundesinstitut für Bau-, Stadt- und Raumforschung (BBSR) (Hrsg.) (2011): Lebensqualität in kleinen Städten und Landgemeinden – Aktuelle Befunde der BBSR-Umfrage, BBSR-Berichte KOMPAKT 05/2011, aufgerufen unter: http://www.bbsr.bund.de/BBSR/DE/Veroeffentlichungen/BerichteKompakt/2011/DL_5_2011.pdf?__blob=publicationFile&v=2, Zugriff12.12.2016.
15 Vgl. ebenda.

- „die veränderte Dynamik des Bevölkerungswachstums;
- die Veränderung der Altersstruktur der Bevölkerung;
- die wachsende Internationalisierung der Bevölkerung;
- die Individualisierung der Bevölkerung, wobei immer mehr Menschen allein oder mit lediglich einer weiteren Person zusammen leben." [16]

Dabei stehen die Komponenten in engem Zusammenhang „und bedingen sich gegenseitig".[17] Die räumliche Verteilung der Komponenten kann sehr unterschiedlich sein. Abbildung 4 zeigt eine Synthese der einzelnen Komponenten des demografischen Wandels.

Auffällig ist, dass im Süden und Nordwesten sowie in den Randbereichen der Agglomerationen Bevölkerungszunahmen zu verzeichnen sind. Gleichzeitig findet ein Alterungsprozess statt, der unterschiedliche Ursachen hat. Vor allem in wachsenden Regionen ist dieser vor allem durch die Zunahme von alten Menschen geprägt, während in den schrumpfenden Regionen zudem noch die schulpflichtigen Jahrgänge abnehmen. Dadurch verstärkt sich die Alterung zusätzlich, wie bspw. in den neuen Ländern zu sehen ist. Hier entstehen bis 2025 sehr wahrscheinlich Räume, mit besonders hohem Problemdruck.

Vor allem ländliche Räume müssen sich somit intensiv mit den Veränderungen des demografischen Wandels auseinandersetzen und Lösungsstrategien zum Erhalt der Lebensqualität entwickeln.

---

16 Homepage Bundesinstitut für Bau-, Stadt-, und Raumforschung (BBSR): Demografischer Wandel und Raumentwicklung, aufgerufen unter: http://www.bbsr.bund
.de/BBSR/DE/Raumentwicklung/RaumentwicklungDeutschland/Projekte/Archiv/
DemogrWandel/DemogrWandel.html?nn=411742, Zugriff 4.12.2016.
17 Ebenda.

Abbildung 4: Der demografische Wandel im Raum – eine Synthese

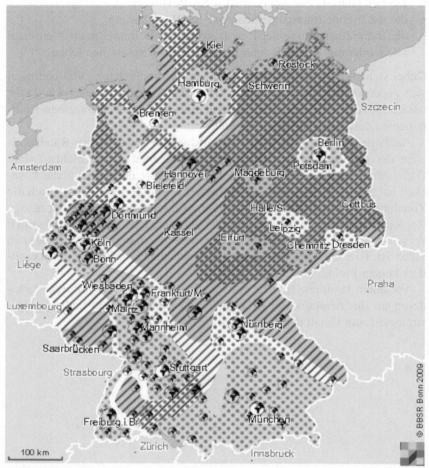

Ausprägung von Komponenten des demographischen Wandels bis 2025

großräumige Bevölkerungsdynamik	Alterung	Internationalisierung
☐ deutliche Abnahme	▨ starke Abnahme der Schulpflichtigen	◈ stark
☐ deutliche Zunahme	▧ massive Zunahme der Hochbetagten	◈ sehr stark

Quelle: BBSR-Bevölkerungsprognose 2005-2025/bbw

Quelle: Homepage Bundesinstitut für Bau-, Stadt-, und Raumforschung (BBSR): Demografischer Wandel und Raumentwicklung, aufgerufen unter: http://www.bbsr.bund.de/BBSR/DE/Raumentwicklung/RaumentwicklungDeutschland/Projekte/Archiv/DemogrWandel/DemogrWandel.html?nn=411742, Zugriff 4.12.2016.

Während in der Vergangenheit kleine Kleinstädte und Landgemeinden im ländlichen Raum überwiegend noch von Bevölkerungswachstum geprägt waren (knapp 70% der betreffenden Gemeinden), zeigt sich in der Prognose von 2010 bis 2030 bereits ein anderes Bild: In Zukunft werden knapp 75% dieser Gemeinden Bevölkerungsschrumpfung zu verzeichnen haben.[18] Auch die Altersstruktur wird sich in kleinen Kleinstädten und insbesondere Landgemeinden stark verändern: Die Zahl der Älteren nimmt zu, während die Zahl der Jüngeren abnimmt. Das Durchschnittsalter der Bevölkerung in Landgemeinden nimmt im Vergleich stark zu: Während es in Landgemeinden von 2000 bis 2011 durchschnittlich um 3,5 Jahre stieg, war es in Großstädten nur eine Steigerung um ein Jahr.[19]

Auch die Zunahme der Bevölkerung mit Migrationshintergrund hat unterschiedliche räumliche Ausprägungen, ist bisher jedoch vor allem in Städten zu beobachten. Zunehmend können davon in Süd- und Westdeutschland auch die kleineren Städte und höher verdichtete Kreise in den Agglomerationsräumen profitieren.[20]

---

18 Eigene Berechnung nach: Homepage Bundesinstitut für Bau-, Stadt- und Raumforschung (BBSR): Download Stadt- und Gemeindetypen, aufgerufen unter: http://www.bbsr.bund.de/BBSR/DE/Raumbeobachtung/Raumabgrenzungen/StadtGemeindetyp/Downloadangebote.html?nn=443182, Zugriff 25.1.2017 und Homepage Bundesinstitut für Bau-, Stadt- und Raumforschung (BBSR): Download Siedlungsstrukturelle Kreistypen, aufgerufen unter: http://www.bbsr.bund.de/BBSR/DE/Raumbeobachtung/Raumabgrenzungen/Kreistypen4/Downloadangebote.html?nn=443222, Zugriff 25.1.2017 und Homepage Bundesinstitut für Bau-, Stadt- und Raumforschung (BBSR): Raumordnungsprognose 2030, aufgerufen unter: http://www.bbsr.bund.de/BBSR/DE/Raumbeobachtung/UeberRaumbeobachtung/Komponenten/Raumordnungsprognose/Download_ROP2030/DL_uebersicht.html, Zugriff 25.1.2017.
19 Vgl. Homepage Bundesinstitut für Bau-, Stadt-, und Raumforschung (BBSR): Landgemeinden altern rasch, aufgerufen unter: http://www.bbsr.bund.de/BBSR/DE/Stadtentwicklung/StadtentwicklungDeutschland/Tendenzen/Projekte/alterung_staedte/01_Start.html?nn=442182, Zugriff 25.1.2017.
20 Vgl. Homepage Bundesinstitut für Bau-, Stadt-, und Raumforschung (BBSR): Demografischer Wandel und Raumentwicklung, aufgerufen unter: http://www.bbsr.bund.de/BBSR/DE/Raumentwicklung/RaumentwicklungDeutschland/Projekte/Archiv/DemogrWandel/DemogrWandel.html?nn=411742, Zugriff 4.12.2016.

2.4 Daseinsvorsorge in kleinen Kleinstädten und Landgemeinden und künftige Herausforderungen

Wie bereits erwähnt, ist in Deutschland das Thema der Daseinsvorsorge eng verknüpft mit dem Postulat der Herstellung gleichwertiger Lebensverhältnisse nach Artikel 72 Abs. 2 Grundgesetz. In diesem Zusammenhang ist folgender Definitionsversuch von Daseinsvorsorge aktuell in der Fachdiskussion weit verbreitet: „Im Rahmen der Daseinsvorsorge übernehmen Staat und Kommunen eine Gewährleistungs- und/oder Erbringungsverantwortung für die flächendeckende Versorgung mit bestimmten, von den politisch Verantwortlichen als lebenswichtig eingestuften Gütern und Dienstleistungen zu allgemein tragbaren (= sozial verträglichen) Preisen und in zumutbaren Entfernungen." [21] Eine sehr weitreichende Interpretation, welche Aufgabenbereiche die öffentliche Daseinsvorsorge umfasst listet technische Dienstleistungen wie die Energie- und Wasserversorgung, die Abfall- und Abwasserentsorgung, Telekommunikationsnetze, den öffentlichen Nah- und Fernverkehr, ebenso auf, wie die Grundversorgung mit sozialen Dienstleistungen wie Kulturangebote, Gesundheitsdienste, Kinderbetreuung, Schulausbildung, Altenpflege, den Rettungsdienst, Katastrophenschutz und Brandschutz." [22]

Neben den Einrichtungen der öffentlichen Daseinsvorsorge prägen die Lebensqualität in ländlichen Räumen aber auch private Dienstleistungen, wie z.B. der Lebensmitteleinzelhandel, sonstige Einzelhandelsgeschäfte, Handwerksbetriebe, Gasthöfe, die Post sowie Geldinstitute/Banken. Auch diese Einrichtungen sind hinsichtlich kritischer Tragfähigkeitsgrenzen von den Auswirkungen des demografischen Wandels betroffen.[23]

---

21 Bundesministerium für Verkehr, Bau und Stadtentwicklung (BMVBS) (Hrsg.) (2011): Regionalstrategie Daseinsvorsorge – Denkanstöße für die Praxis; Berlin.
22 Ebenda.
23 Henkel, Gerhard (2004): Der Ländliche Raum. Gegenwart und Wandlungsprozesse seit dem 19. Jahrhundert in Deutschland. 4. Auflage. Stuttgart.

Abbildung 5: Handlungsfelder öffentlicher Daseinsvorsorge in Deutschland

Technische Dienstleistungen	Soziale Dienstleistungen
Verkehrsinfrastruktur	Kulturelle Versorgung
Verkehrsdienste, wie Schülertransport und öffentlicher Verkehr	Schule und Bildungswesen
Kommunikationsdienstleistungen	Kinderbetreuung
Energieversorgung	Gesundheitswesen und Altenpflege
Wasserwirtschaft, einschließlich Ver- und Entsorgung	Finanz- und Versicherungsdienstleistungen
Abfallwirtschaft	Katastrophenschutz, Feuerwehr und Rettungswesen
Deichbau	Sonstige soziale Infrastrukturen wie Sportstätten, Friedhöfe
Wohnungswirtschaft (sozialer Wohnungsbau)	

Entwurf: Eigene Darstellung, Kaiserslautern 2016.
Quelle: Einig, Klaus (2008): Regulierung der Daseinsvorsorge als Aufgabe der Raumordnung im Gewährleistungsstaat, S. 18, in: Bundesinstitut für Bau-, Stadt- und Raumforschung (BBSR) im Bundesamt für Bauwesen und Raumordnung (BBR) (Hrsg.): Infrastruktur und Daseinsvorsorge in der Fläche, Informationen zur Raumentwicklung, Heft 1/2.2008, Bonn, aufgerufen unter: http://www.bbsr.bund.de/BBSR/DE/Veroeffent lichungen/IzR/2008/1_2/Inhalt/DL_einig.pdf?__blob=publicationFile&v=2, Zugriff 29.10.2016.

Verankert ist die Daseinsvorsorge als ein wesentlicher Bestandteil der räumlichen Gleichwertigkeit der Lebensbedingungen auch im Raumordnungsgesetz (ROG) in § 2 Abs. 2 Nr. 3 ROG „Grundsätze der Raumordnung": „Die Versorgung mit Dienstleistungen und Infrastrukturen der Daseinsvorsorge, insbesondere die Erreichbarkeit von Einrichtungen und Angeboten der Grundversorgung für alle Bevölkerungsgruppen, ist zur Sicherung von Chancengerechtigkeit in den Teilräumen in angemessener Weise zu gewährleisten; dies gilt auch in dünn besiedelten Regionen. Die soziale Infrastruktur ist vorrangig in Zentralen Orten zu bündeln; die Erreichbarkeits- und Tragfähigkeitskriterien des Zentrale-Orte-Konzepts sind flexibel an regionalen Erfordernissen auszurichten."

Die Raumordnung thematisiert dementsprechend die Sicherung der öffentlichen Daseinsvorsorge im Rahmen ihrer Zentrale-Orte-Konzepte.

Durch ein abgestuftes System zentraler Orte soll die Versorgung der Bevölkerung und der Wirtschaft mit privaten Dienstleistungen und öffentlichen Leistungen der Daseinsvorsorge zu angemessenen Erreichbarkeitsbedingungen gewährleistet werden.

Eine Transformation des Begriffs „angemessene Weise" in Standards auf Bundesebene existiert weitgehend nicht. Generell kann festgehalten werden, dass für die Erfüllung von Leistungen der Daseinsvorsorge überwiegend durch private Anbieter, wie z.b. das Postwesen, Standards größtenteils deutschlandweit gelten, während für die weitgehend im Verantwortungsbereich öffentlicher Leistungsträger liegenden Einrichtungen, wie z.b. Schulen oder ÖPNV überwiegend Standards auf Landesebene bestehen.[24] Entsprechend der unterschiedlichen Situationen in den Bundesländern hinsichtlich z.b. der Besiedlungsdichte, Betroffenheit vom demografischen Wandel, Ausstattungsstand der Infrastrukturen und nicht zuletzt finanziellen Rahmenbedingungen, existieren wesentliche Unterschiede in der Setzung von Standards.

Hinsichtlich der Zuständigkeit für öffentliche Daseinsvorsorgeleistungen ist das Subsidiaritätsprinzip von zentraler Bedeutung. Überwiegend werden die Leistungen der Daseinsvorsorge entsprechend auf der kommunalen Ebene durch Gemeinden oder Landkreise bereitgestellt. In der Mehrzahl der Gemeinden im ländlichen Raum richtet sich das kommunal erbrachte Angebot sozialer und technischer Infrastrukturen hauptsächlich an die lokale Bevölkerung. Anpassungsbedarfe, aufgrund sinkender Nachfrage oder einer Erhöhung der Nachfrage werden in der Regel als örtliche Angelegenheit behandelt. Insbesondere wenn kritische Tragfähigkeitsschwellen unterschritten werden und Schließungen von Einrichtungen drohen, wird aus einem örtlichen Anpassungsproblem leicht ein interkommunales Verteilungsproblem. Die kommunale Ebene, bestehend aus Landkreisen sowie Städten und Gemeinden ist somit für Anpassungen an die

---

24 Vgl. Bundesministerium für Verkehr, Bau und Stadtentwicklung (BMVBS) (Hrsg.) (2010): Sicherung der Daseinsvorsorge und Zentrale-Orte-Konzepte – gesellschaftspolitische Ziele und räumliche Organisation in der Diskussion, BMVBS Online-Publikation 12/2010, aufgerufen unter: http://www.bbsr.bund.de/BBSR/D E/Veroeffentlichungen/BMVBS/Online/2010/DL_ON122010.pdf?__blob=publica tionFile&v=2, Zugriff 13.7.2016.

Herausforderungen des demografischen Wandels verantwortlich.[25] „Auch für Leistungen, die nicht direkt in der Verantwortung von Städten, Gemeinden oder Kreisen liegen, können die öffentlichen Akteure Koordinierungs-, Anreiz- oder Kontrollfunktionen und damit Steuerungsaufgaben übernehmen."[26]

Landkreise nehmen vor allem „überörtliche Aufgaben [wahr] und solche mit Ergänzungs- und Ausgleichsfunktionen wie z.B. Gesundheitswesen, soziale Sicherung, Altenpflege, Jugendschutz, Schule und Bildung, Abfallentsorgung, Öffentlicher Nahverkehr. Zudem übernehmen sie Ausgleichs- und Ergänzungsaufgaben, wenn die Finanz- oder Verwaltungskraft von Gemeinden nicht ausreichen. Eine gleichmäßige Versorgung aller Einwohner im Kreisgebiet kann bei nicht ausreichender Leistungserbringung der Gemeinden nur durch die Kreise gesichert werden."[27]

2.3 Herausforderungen

Eine sinkende Bevölkerungszahl und die sich verändernde Altersstruktur der Bevölkerung hat gravierende Auswirkungen auf die Sicherung der öffentlichen und privaten Einrichtungen der Daseinsvorsorge, insbesondere wenn diese bestehende, teils gesetzlich vorgeschriebene, Standards erfüllen und gleichzeitig wirtschaftlich tragfähig oder effizient sein sollen. An dieser Stelle sind nur beispielhaft einige Herausforderungen genannt, vor denen kleine Kleinstädte und Landgemeinden stehen:

- im Verkehrssektor ist einerseits bei sinkenden Steuereinnahmen der kleinen Kleinstädte und Landgemeinden das Straßennetz zu erhalten und zu reinigen und andererseits der öffentliche Personennahverkehr (in Kooperation mit den Landkreisen) zu gewährleisten,
- Informations- und Kommunikationsinfrastrukturen sind nach dem Stand der Technik auszubauen und vorzuhalten,

---

25 Vgl. Mangels, Kirsten; Wohland, Julia (im Erscheinen): "Sicherung der Daseinsvorsorge in ländlichen Grenzräumen – eine Untersuchung am Beispiel der Großregion", in: Caesar, Beate; Hartz, Andrea; Pallagst, Karina: Border Futures – Zukunft Grenze – Avenir Frontière. Zukunftsfähigkeit Grenzüberschreitender Zusammenarbeit. Arbeitsberichte der ARL. Hannover.
26 Bundesministerium für Verkehr, Bau und Stadtentwicklung (BMVBS) (Hrsg.) (2011): Regionalstrategie Daseinsvorsorge – Denkanstöße für die Praxis; Berlin.
27 Ebenda.

- die Wasserver- und –entsorgung ist in einem bestehenden Leitungsnetz bei veränderten Konsummustern zu sichern, Leitungsnetze zu warten,
- die Abfallentsorgung muss der veränderten Konsumentenzahl und den veränderten Konsumentenverhalten Rechnung tragen und die regelmäßige Entsorgung sicherstellen,
- Kinderbetreuungseinrichtungen und bestehende Schulen v.a. im Grundschulbereich sollen wohnortnah erhalten werden und qualitativ den geltenden Standards und Ausstattungskriterien entsprechen
- den Katastrophenschutz gilt es aufrecht zu erhalten bei einer sich immer schwieriger gestaltenden Nachwuchsarbeit
- qualitätsvolle Betreuungsplätze für ältere Bürger, die nicht häuslich gepflegt werden können, sollen vorgehalten werden, etc.

Diese Liste an Anpassungsbedarfen und Herausforderungen für politisch Verantwortliche in kleinen Kleinstädten und Landgemeinden ist nicht abschließend, sondern zeigt nur ansatzweise den Handlungsbedarf auf. Hinzu kommen schlechte finanzielle Ausstattungen von Gemeinden und Landkreisen. Die Bevölkerung, die in den kleinen Kleinstädten und Landgemeinden wohnt, geht von einer gleichbleibenden Qualität der Versorgung aus und eventuelle Ansiedlungsinteressenten schauen bei der Standortwahl sehr genau auf Ausstattungsmerkmale und –qualitäten der Daseinsvorsorge in den Kommunen.

Handlungsbedarfe bestehen somit in fast allen Bereichen der Daseinsvorsorge. In Bezug auf die dargestellten Herausforderungen des demografischen Wandels in kleinen Kleinstädten und Landgemeinden in ländlichen Räumen, insbesondere auf Grund der schrumpfenden Bevölkerungszahlen und der Alterung, ist davon auszugehen, dass einerseits mit einer Zentralisierung von Einrichtungen zu rechnen ist und andererseits die Gesundheitsfürsorge, die weit über das Vorhandensein eines Allgemeinmediziners hinausgeht, eine steigende Bedeutung bekommt. 65-Jährige und Ältere fragen, im Vergleich zu jüngeren Altersgruppen überdurchschnittlich oft ärztliche Dienstleistungen nach, so dass sich nicht linear zur sinkenden Bevölkerungszahl auch eine sinkende Nachfrage nach gesundheitsbezogenen Dienstleistungen annehmen lässt.[28]

---

28 Vgl. z.B. Kassenärztliche Vereinigung Rheinland-Pfalz (KV RLP) (2015): Pirmasens, Zweibrücken und Kreis Südwestpfalz, Kreisatlas zur vertragsärztlichen Versorgung, Mainz.

Vor diesem Hintergrund sind besondere Anstrengungen zu unternehmen, die Mobilität der Bürgerinnen und Bürger in kleinen Kleinstädten und Landgemeinden im ländlichen Raum zu erhalten und ggf. zu verbessern, um zentralisierte Einrichtungen gut erreichen zu können sowie innovative Ansätze für die Gewährleistung einer umfassenden Gesundheitsfürsorge zu entwickeln und umzusetzen.

Das Problembewusstsein für die künftige Sicherung von Einrichtungen der Daseinsvorsorge v.a. in ländlich strukturierten Regionen in Deutschland ist bereits relativ ausgeprägt. Dies zeigt sich einerseits an vielfältigen Aktivitäten und Veröffentlichungen der zuständigen Bundesministerien, andererseits sind in zahlreichen Kommunen und Landkreisen in den letzten Jahren Strategien und Konzepte zum Umgang mit dem demografischen Wandel und der Sicherung der Daseinsvorsorge entstanden und teilweise Demographie-Beauftragte eingestellt worden.[29] Dennoch ist festzustellen, dass das Problembewusstsein der eigenen Betroffenheit des demografischen Wandels in ländlichen Gemeinden sehr unterschiedlich ausgeprägt ist[30] und „somit für Politik und Wissenschaft ein permanenter wie dringender Handlungsbedarf zur Verbesserung der ländlichen Infrastruktur"[31] besteht.

3 Ansätze zur Sicherung der Daseinsvorsorge in Deutschland

3.1 Allgemeine Ansätze

Anpassungsmaßnahmen und Handlungsmöglichkeiten zur Sicherung von Infrastrukturen und Dienstleistungen der Daseinsvorsorge zeigt zusammenfassend Tabelle 1. Grundsätzlich können entweder die Bürgerinnen

---

29 Vgl. auch Mangels, Kirsten; Wohland, Julia (im Erscheinen): Sicherung der Daseinsvorsorge in ländlichen Grenzräumen – eine Untersuchung am Beispiel der Großregion, in: Caesar, Beate; Hartz, Andrea; Pallagst, Karina (Hrsg.): Border futures – Zukunft Grenze – Avenir Frontière. Zukunftsfähigkeit Grenzüberschreitender Zusammenarbeit. Sammelband der ARL. Hannover.

30 Homepage Bundesinstitut für Bau-, Stadt-, und Raumforschung (BBSR): Demografischer Wandel und Raumentwicklung, aufgerufen unter: http://www.bbsr.bund .de/BBSR/DE/Raumentwicklung/RaumentwicklungDeutschland/Projekte/Archiv/ DemogrWandel/DemogrWandel.html?nn=411742, Zugriff 4.12.2016.

31 Henkel, Gerhard (2004): Der Ländliche Raum. Gegenwart und Wandlungsprozesse seit dem 19. Jahrhundert in Deutschland. Stuttgart. S. 345.

und Bürger mobiler gemacht werden, wenn etwa Einrichtungen geschlossen oder zusammengelegt werden, um kritische Tragfähigkeitsgrenzen wieder zu überschreiten (people to service) oder es können die Dienste mobiler angeboten werden, um zumindest temporär vor Ort angeboten werden zu können (service to people) oder aber eine innovative Form der Leistungserbringung kann entwickelt werden.

Tabelle 1: Anpassungsmaßnahmen der Daseinsvorsorge an gewandelte Nachfragestrukturen

Anpassungsmaßnahme	*Beispiel aus den Daseinsvorsorgebereichen Mobilität und Gesundheitswesen*
Schließen von Einrichtungen	Unterausgelastete oder unwirtschaftliche Krankenhäuser
Erhöhung der Erreichbarkeit	Optimierte ÖPNV-Netze, nachfrageorientierte Taktzeiten
Verkleinerung	Reduziertes Busnetz
Dezentralisierung	Kommunale Gesundheitszentren
Zusammenlegung	Zentralisierung von Ärztezentren
Temporäre Ansätze	(Zahn-)Arzt auf Rädern
Neustrukturierung/ Substituierung	Videosprechstunden

Entwurf: Eigene Darstellung, Kaiserslautern 2016.
Quelle: nach Einig, Klaus (2008): Regulierung der Daseinsvorsorge als Aufgabe der Raumordnung im Gewährleistungsstaat, S. 32, in: Bundesinstitut für Bau-, Stadt- und Raumforschung (BBSR) (Hrsg.): Infrastruktur und Daseinsvorsorge in der Fläche, Informationen zur Raumentwicklung, Heft 1/2.2008, Bonn, aufgerufen unter: http://www .bbsr.bund.de/BBSR/DE/Veroeffentlichungen/IzR/2008/1_2/Inhalt/DL_einig.pdf?__bl ob=publicationFile&v=2, Zugriff 29.10.2016.

Im Laufe der letzten zehn Jahre sind in allen diesen Bereichen Projektbeispiele entstanden, die einen großen Fundus im Sinne einer Ideensammlung darstellen.[32] An dieser Stelle sollen nicht diese zahlreichen Ansätze vorgestellt und hinsichtlich einer generellen Übertragbarkeit bewertet werden, sondern zum einen die aktuelle Diskussion und Leitvorstellung aus der Raumordnung dargestellt werden sowie Modellvorhaben der Raumord-

---

32 Vgl. bspw. Bertelmann Stiftung, aufgerufen unter: http://www.wegweiser-kommu ne.de/projekte, Zugriff 30.1.2017.

nung im Themenbereich der Daseinsvorsorge und damit eher strategische Ansätze vorgestellt werden.

3.2 Leitbild der Raumordnung „Daseinsvorsorge sichern"

Im März 2016 wurden von der Ministerkonferenz für Raumordnung (MKRO) die neuen Leitbilder und Handlungsstrategien für die Raumentwicklung in Deutschland verabschiedet. Darunter ist auch das Leitbild „Daseinsvorsorge sichern", das bereits in den vorherigen Leitbildern enthalten war und nun entsprechend weiterentwickelt wurde.[33] Dabei sieht es folgendes vor: „Zur Gewährleistung gleichwertiger Lebensverhältnisse soll die Versorgung mit Dienstleistungen und Infrastrukturen der Daseinsvorsorge in allen Teilräumen gesichert werden. Dazu gehört vor allem die Erreichbarkeit von entsprechenden Einrichtungen und Angeboten für alle Bevölkerungsgruppen. Als Grundlage dafür ist eine Raum- und Siedlungsstruktur anzustreben, die eine sichere, effiziente und kostengünstige infrastrukturelle Versorgung gewährleistet. Insbesondere in ländlich-peripheren Teilräumen mit besonderen demografischen Herausforderungen ist derzeit die Tragfähigkeit von Einrichtungen und Angeboten der Daseinsvorsorge gefährdet."[34]

Dazu soll das Zentrale-Orte-System konsequent angewendet werden, da es „das siedlungsstrukturelle Grundgerüst zur Bewältigung von regionalen Anpassungsprozessen bei der Infrastrukturversorgung"[35] ist und Synergieeffekte ermöglicht. „Die Grundversorgung mit Gütern und Leistungen des täglichen Bedarfs soll in Grundzentren erhalten werden."[36] Dazu sollen auch „innovative und flexiblen Problemlösungen der interkommunalen und regionalen Kooperation sowie dem Zusammenwirken von öffentlicher

---

33 Vgl. Homepage Bundesministerium für Verkehr und digitale Infrastruktur (BM-VI): Neue Leitbilder und Handlungsstrategien für die Raumentwicklung in Deutschland, aufgerufen unter: http://www.bmvi.de/SharedDocs/DE/Artikel/G/Ra umentwicklung/raumentwicklung-leitbilder.html, Zugriff 4.12.2016.
34 Homepage Bundesministerium für Verkehr und digitale Infrastruktur (BMVI): Leitbilder und Handlungsstrategien für die Raumentwicklung in Deutschland, aufgerufen unter: http://www.bmvi.de/SharedDocs/DE/Anlage/Raumentwicklung/leit bilder-und-handlungsstrategien-2016.pdf?__blob=publicationFile, Zugriff 14.10.2016.
35 Ebenda.
36 Ebenda.

Hand, zivilgesellschaftlichem Engagement und privater Wirtschaft"[37] unterstützt werden.

Kooperationen sollen ausgebaut werden, wie etwa die interkommunale Zusammenarbeit von Gemeinden aber auch regionale Kooperationsstrukturen aufgebaut werden. Dies soll teilräumliche Entwicklungen unterstützen und bürgerschaftliches Engagement einbeziehen. Die Auslastung von Einrichtungen der Daseinsvorsorge soll erhöht und die Kosten für deren Unterhalt reduziert werden.

Insbesondere soll die Versorgung in dünn besiedelten ländlichen Räumen mit zurückgehender und alternder Bevölkerung gesichert werden. „Dabei sollen flexible und räumlich differenzierte Versorgungsstandards erwogen und ergänzend innovative Versorgungsstrukturen etwa durch verstärkten Ausbau telematischer Angebotsformen geschaffen werden. Es bedarf eines verstärkten Zusammenwirkens öffentlicher, privatwirtschaftlicher und zivilgesellschaftlicher Akteure sowie einer engeren Zusammenarbeit der Träger infrastruktureller Einrichtungen."[38] Dazu müssen Räume identifiziert werden, die vom demografischen Wandel betroffen sind und die eine Flexibilisierung von fachpolitischen Standards zur Sicherung ihrer Daseinsvorsorge bedürfen.

„Zur Sicherung von Erreichbarkeit zentraler Orte und Mobilität soll unter Berücksichtigung der Zumutbarkeit und der Tragfähigkeit die Qualität der öffentlichen Verkehrsangebote erhalten und verbessert werden. Es sollen zudem vermehrt alternative Angebotsformen sowie Organisationsstrukturen und Modelle erprobt und genutzt werden."[39]

---

37 Ebenda.
38 Ebenda.
39 Ebenda.

Abbildung 6: Leitbild „Daseinsvorsorge sichern"

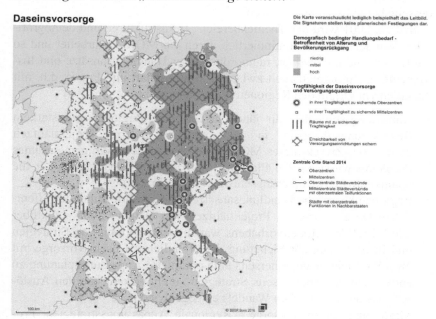

Quelle: Homepage Bundesministerium für Verkehr und digitale Infrastruktur (BMVI): Leitbilder und Handlungsstrategien für die Raumentwicklung in Deutschland, aufgerufen unter: http://www.bmvi.de/SharedDocs/DE/Anlage/Raumentwicklung/leitbilder-un d-handlungsstrategien-2016.pdf?__blob=publicationFile, Zugriff 14.10.2016.

3.3 Modellvorhaben der Raumordnung im Forschungsfeld Daseinsvorsorge

Mit dem Programm "Modellvorhaben der Raumordnung" (MORO), derzeit des Bundesministeriums für Verkehr und Digitale Infrastruktur, sollen konkrete Projekte und Studien gefördert werden, die exemplarisch neue Ansätze in der Raumordnung und der Regionalplanung zu aktuellen Themen entwickeln. „Der jährliche Verpflichtungsrahmen des Titels beträgt rund 1 Mio. Euro. Das Aktionsprogramm bietet für das Politikfeld Raumordnung auf Bundesebene eine Möglichkeit, die notwendige Umsetzung einer aktions- und projektorientierten Raumentwicklungspolitik von Bundesseite her aktiv zu unterstützen."[40]

Seit ca. 2001 wird der Themenbereich „Infrastrukturen und demografischer Wandel" nahezu kontinuierlich durch ein MORO bearbeitet und so die Umsetzung innovativer, raumordnerischer Handlungsansätze und Instrumente in Zusammenarbeit zwischen Wissenschaft und Praxis, d.h. mit Akteuren vor Ort, in den Regionen praktisch erprobt:

* Anpassungsstrategien für ländliche/periphere Regionen mit starkem Bevölkerungsrückgang in den neuen Ländern; Projektlaufzeit 2001-2004. Zweck dieses MORO war es, „zunächst ein gemeinsames Problembewusstsein bei Planern, Politikern und Bevölkerung für die unumkehrbare Bevölkerungsentwicklung zu erarbeiten."[41]
* Regionalplanerische Handlungsansätze zur Gewährleistung der öffentlichen Daseinsvorsorge, Projektlaufzeit von Oktober 2005 – Oktober 2007. Ziel des Modellvorhabens war die Entwicklung von Strategien und Instrumenten zur Sicherung der öffentlichen Daseinsvorsorge mit zwei Stoßrichtungen: einerseits eine optimierte Anpassungsplanung zu entwickeln und andererseits Strategien zu entwickeln, die den Auslösern des demografischen Wandels entgegenwirken.
* Masterplan Daseinsvorsorge - Regionale Anpassungsstrategien, Projektlaufzeit Juni 2008 – Oktober 2009. Ziel des Vorhabens war die Erarbeitung von regionalen Anpassungsstrategien aufbauend auf einer Bestandaufnahme, die „Angebote der öffentlichen Daseinsvorsorge mit ihren Kapazitäten, Auslastungen, Personalbeständen und Kostenstrukturen analysiert und mit kleinräumigen Bevölkerungs- und Nachfrageprognosen abgeglichen"[42] hat.

---

40 Homepage Bundesinstitut für Bau-, Stadt-, und Raumforschung (BBSR): Aktionsprogramm Modellvorhaben der Raumordnung, aufgerufen unter: http://www.bbsr.bund.de/BBSR/DE/FP/MORO/Programm/programm_node.html, Zugriff 30.1.2017.
41 Homepage Bundesinstitut für Bau-, Stadt-, und Raumforschung (BBSR): Anpassungsstrategien für ländliche/periphere Regionen mit starkem Bevölkerungsrückgang in den neuen Ländern, aufgerufen unter: http://www.bbsr.bund.de/BBSR/DE/FP/MORO/Forschungsfelder/2004undFrueher/AnpassungsstrategienPeriphereRegionen/01_Start.html?nn=432760, Zugriff 30.1.2017.
42 Homepage Bundesinstitut für Bau-, Stadt-, und Raumforschung (BBSR): Masterplan Daseinsvorsorge – Regionale Anpassungsstrategien, aufgerufen unter: http://www.bbsr.bund.de/BBSR/DE/FP/MORO/Forschungsfelder/2008/MasterplanDasein/01_Start.html?nn=431954, Zugriff 30.1.2017.

• Aktionsprogramm regionale Daseinsvorsorge, Projektlaufzeit 2012-2015. Ziel dieses MORO war es die Vorarbeiten des Vorgänger MOROs breiter zu streuen und in mehr Anwendungsfällen zu validieren.

3.4 Das MORO „Aktionsprogramm regionale Daseinsvorsorge"

Die Bundesraumordnung unterstützt durch das Aktionsprogramm regionale Daseinsvorsorge 21 Modellregionen dabei, eine „Regionalstrategie Daseinsvorsorge" zu erarbeiten, deren Verfahren in den Vorläufer Modellvorhaben der Raumordnung bereits erprobt wurde. Somit soll eine Grundlage für den Umbau und die Anpassung der regionalen Daseinsvorsorge geschaffen werden, um die Folgen des demografischen Wandels zu bewältigen.

Insbesondere soll damit die Umsetzung des Leitbildes „Daseinsvorsorge sichern" gefördert werden, welches zentraler Bestandteil der Raumordnungsstrategie von Bund und Ländern ist (vgl. Kapitel 3.2).

Das Aktionsprogramm hat zum Ziel, den Ansatz „Regionalstrategie Daseinsvorsorge" bundesweit zu verbreiten und zu verstetigen. Das Verfahren der Regionalstrategie soll dabei durch Erfahrungen aus einer größeren Zahl von Modellregionen weiterentwickelt werden, ebenso wie durch die Unterstützung der Umsetzung der Regionalstrategien. Dazu fanden während des Aktionsprogrammes zwei Umsetzungsphasen zu Pilotprojekten in den Modellregionen statt. Auch eine Diskussion über Standards und deren Flexibilisierung soll initiiert werden.

Für die Erarbeitung der Regionalstrategie hatten die Modellregionen in der Regel 20 Monate Zeit. Hauptsächlich geht es „um einen Planungs- und Diskussionsprozess, der durch Städte, Gemeinden und Landkreise initiiert wird und der dazu dienen sollte, sich systematisch mit den Auswirkungen des demografischen Wandels auf ausgewählte Bereiche der Daseinsvorsorge auseinanderzusetzen und Umbau- und Anpassungsstrategien zu entwickeln."[43]

---

43 Bundesministerium für Verkehr und digitale Infrastuktur (BMVI) (Hrsg.) (2015): Aktionsprogramm regionale Daseinsvorsorge. Projektassistenz Umsetzungsphase. BMVI-Online-Publikation, Nr. 04/2015, aufgerufen unter: http://www.bbsr.bund.d e/BBSR/DE/Veroeffentlichungen/BMVI/BMVIOnline/2015/DL_BMVI_Online_0 4_15.pdf?__blob=publicationFile&v=5, Zugriff 6.1.2016.

Begleitet wurde das Aktionsprogramm durch Fachkonferenzen, bundesweite und regionale Projektwerkstätten sowie einen Fachkongress. Diese Veranstaltungen dienten dem Erfahrungsaustausch sowie zum Ergebnis- und Wissenstransfer. [44] Die bundesweiten und regionalen Projektwerkstätten, fanden vor allem für die Vertreter der Modellregionen, die zentralen Ansprechpartner der Bundesländer und das Projektmanagement von Bundesseite statt. Die Fachkonferenzen richteten sich an die Fachöffentlichkeit, mit wissenschaftlichen Vorträgen und guten Beispielen aus den Modellregionen und anderen Regionen zu den vier zentralen Bereichen der Daseinsvorsorge — Soziale Infrastruktur; Mobilität in ländlichen Räumen; Wohnen, Siedlung, Infrastruktur sowie Technische Infrastruktur. Zusätzlich wurden Facharbeitskreise eingerichtet für die am häufigsten bearbeiteten Themen. Diese waren die hausärztliche Versorgung, Altern und bürgerschaftliche Selbstverantwortung im ländlichen Raum, Mobilität und Verkehr sowie die schulische Grundversorgung. [45]

Unterstützung erhielten die Modellregionen zudem durch die Projektassistenz sowie verschiedene fachliche Begleitforschungen, darunter auch die Begleitforschung Internationale Erfahrungen.

Die Ziele der Begleitforschung Internationale Erfahrungen waren

- das Kennenlernen von innovativen Ansätzen, Strategien und Projekten in europäischen Ländern zur Sicherung der Daseinsvorsorge,
- das Kennenlernen unterschiedlicher Rahmenbedingungen,
- die Initiierung eines internationalen fachlichen Austauschs,
- die Initiierung von Netzwerken und Kooperationen zwischen europäischen Regionen.

Um den internationalen Informations- und Erfahrungsaustausch zu unterstützen, wurden Fachexkursionen durchgeführt, in deren Rahmen ein intensiver fachlicher und partnerschaftlicher Austausch der Modellregionen mit europäischen Partnerregionen stattfand. Die drei Fachexkursionen führten in vier europäische Regionen, nach Niederösterreich (Österreich),

---

44 Vgl. ebenda.
45 Vgl. Bundesministerium für Verkehr und digitale Infrastruktur (BMVI) (Hrsg.) (2016): Aktionsprogramm regionale Daseinsvorsorge. Abschlussbericht Projektassistenz. BMVI-Online-Publikation Nr. 03/2016, aufgerufen unter: http://www.bbsr .bund.de/BBSR/DE/Veroeffentlichungen/BMVI/BMVIOnline/2016/bmvi-online-0 3-16-dl.pdf ;jsessionid=85D6E8C4C7098A574C378C16045580AA.live21304? __blob=publicationFile&v=3, Zugriff 22.1.2017.

nach Graubünden (Schweiz) und Südtirol (Italien) sowie nach Västernorrland (Schweden).

Die ausgewählten europäischen Regionen weisen ähnliche Probleme
wie die deutschen Modellregionen auf; sie befinden sich im ländlichen
Raum, haben geringe Bevölkerungsdichten und sind vom demografischen
Wandel und hauptsächlich der Alterung betroffen. Ebenfalls zeichnen sie
sich durch innovative Ansätze zur Gewährleistung der Daseinsvorsorge
aus.

Aus diesen Exkursionen konnte auch langfristig Nutzen für die deutschen Modellregionen gezogen werden, indem Kooperationen und Netzwerke gebildet und persönliche Kontakte verstetigt wurden.[46]

Die Programm- und Begleitstruktur des Aktionsprogramms regionale
Daseinsvorsorge haben sich insgesamt bewährt. Der „Erfahrungsaustausch
und die wechselseitigen Lernprozesse haben den Prozessen in den Modellregionen wichtige Impulse gegeben und sind auch als Teil der prozessbe-
gleitenden Selbstevaluation zu verstehen."[47]

Abbildung 7 zeigt den zeitlichen Ablauf des Aktionsprogrammes regionale Daseinsvorsorge mit wichtigen Meilensteinen sowie mit der Begleitforschung Internationale Erfahrungen.

---

46 Vgl. Bundesministerium für Verkehr und digitale Infrastruktur (BMVI) (2015):
Daseinsvorsorge in ländlichen Regionen Schwedens, Norditaliens, Österreichs und
der Schweiz. Ergebnisbericht, BMVI-Online-Publikation, Nr. 02/2015, aufgerufen
unter: http://www.bbsr.bund.de/BBSR/DE/Veroeffentlichungen/BMVI/BMVIOnli
ne/2015/DL_BMVI_Online_02_15.pdf?__blob=publicationFile&v=2, Zugriff
12.12.2016.

47 Bundesministerium für Verkehr und digitale Infrastruktur (BMVI) (Hrsg.) (2016):
Aktionsprogramm regionale Daseinsvorsorge. Abschlussbericht Projektassistenz.
BMVI-Online-Publikation Nr. 03/2016, aufgerufen unter: http://www.bbsr.bund.de
/BBSR/DE/Veroeffentlichungen/BMVI/BMVIOnline/2016/bmvi-online-03-16-dl.
pdf;jsessionid=85D6E8C4C7098A574C378C16045580AA.live21304?__blob=pu
blicationFile&v=3, Zugriff 22.1.2017.

Abbildung 7: Ablauf des Aktionsprogrammes und der Begleitforschung Internationale Erfahrungen

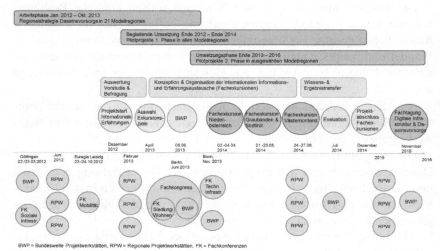

Entwurf: Eigene Darstellung

Quelle: Bundesministerium für Verkehr und digitale Infrastruktur (BMVI) (Hrsg.) (2016): Aktionsprogramm regionale Daseinsvorsorge. Abschlussbericht Projektassistenz. BMVI-Online-Publikation Nr. 03/2016, aufgerufen unter: http://www.bbsr.bund.d e/BBSR/DE/Veroeffentlichungen/BMVI/BMVIOnline/2016/bmvi-online-03-16-dl.pd f ;jsessionid=85D6E8C4C7098A574C378C16045580AA.live21304?__blob=publicationFile&v=3, Zugriff 22.1.2017.

Bundesministerium für Verkehr und digitale Infrastruktur (BMVI) (2015): Daseinsvorsorge in ländlichen Regionen Schwedens, Norditaliens, Österreichs und der Schweiz. Ergebnisbericht, BMVI-Online-Publikation, Nr. 02/2015, aufgerufen unter: http://www .bbsr.bund.de/BBSR/DE/Veroeffentlichungen/BMVI/BMVIOnline/2015/DL_BMVI_ Online_02_15.pdf?__blob=publicationFile&v=2, Zugriff 12.12.2016.

4 Ansätze zur Sicherung der Daseinsvorsorge im europäischen Ausland

In diesem Kapitel werden ausgewählte Projekte vorgestellt, die die Verfasserinnen im Rahmen der Recherche im Vorfeld der Fachexkursionen zur Begleitforschung Internationale Erfahrungen des Aktionsprogrammes regionale Daseinsvorsorge aus Dokumenten und während der Exkursionsvorbereitungen und Fachexkursionen durch Vorträge, persönliche Kontakte und Expertengespräche kennengelernt haben. Einführend werden jeweils kurz die Zuständigkeiten in dem jeweiligen Daseinsvorsorgebereich in den Ländern, in denen die Projekte angesiedelt sind, dargestellt. Darauf aufbauend werden die Projekte vorgestellt und zentrale Erfolgsfaktoren für deren Umsetzung analysiert.

4.1 Ansätze zur Sicherung der Mobilität in kleinen Kleinstädten und Landgemeinden

4.1.1 Zuständigkeiten für die Sicherung des öffentlichen Verkehrs in Österreich und der Schweiz

In *Österreich* findet der deutschsprachige Terminus „Daseinsvorsorge" allgemeine Anwendung[48] und hat weitgehend die gleiche Bedeutung wie in Deutschland. Zur Daseinsvorsorge zählen demnach jene Dienstleistungen, „die im öffentlichen Interesse erbracht werden, mit Gemeinwohlverantwortung verbunden sind und als wesentlich für das Funktionieren einer modernen Gesellschaft angesehen werden".[49]

Nach Art. 10 des Bundes-Verfassungsgesetzes ist Verkehr in Österreich Bundesaufgabe. Der Bereich des öffentlichen Verkehrs ist allerdings nicht explizit erwähnt und die Zuständigkeit damit nicht genau geregelt. Die von den Gebietskörperschaften wahrgenommenen Verantwortungsbereiche sind vielmehr historisch gewachsen. Im Bundesgesetz über die Ordnung des öffentlichen Personennah- und Regionalverkehrs (ÖPNRV-G 1999) regelt der Bund die organisatorischen und finanziellen Grundlagen für den Betrieb des öffentlichen Personennah- und Regionalverkehrs (Verkehr im ländlichen Raum) konkreter. Darin werden drei Aufgaben des ÖPNRV genannt:

---

48 Vgl. Favry, Eva; Hiess, Helmut (2008): Infrastrukturen der Daseinsvorsorge in Österreichs ländlichen Gebieten, in: Informationen zur Raumentwicklung Heft 1/2.2008, S. 57.
49 Huemer, Ulrike: Die Daseinsvorsorge der Gemeinden unter Liberalisierungsdruck. In: juridikum 2005. S. 160. Zitiert in: Pürgy, Erich (2009): Dienstleistungen von allgemeinem Interesse in Österreich, in: Krautscheid, A. (Hrsg.): Die Daseinsvorsorge im Spannungsfeld von europäischem Wettbewerb und Gemeinwohl. Eine sektorspezifische Betrachtung, Wiesbaden, S. 399.

- Schienenpersonenverkehr,
- Kraftfahrlinienverkehr,
- Nah- und Regionalverkehrsplanung.[50]

Die Aufgaben sind auf die Gebietskörperschaften verteilt. Gemäß der gesetzlichen Regelung übernimmt der Bund die Verantwortung dafür, dass jenes Grundangebot im ÖPNV finanziert wird, das 1999/2000 vorhanden war. Die weitergehende Verkehrs(bedarfs)planung sowie die Anpassung des Systems an künftige Bedürfnisse werden den Ländern und Gemeinden überlassen. Leistungen, die über das Grundangebot 1999/2000 hinausgehen, werden nicht vom Bund finanziert, Einsparungen gegenüber dem Grundangebot 1999/2000 müssen in die Qualitätssicherung des Angebots investiert werden. Ergeben also die Nah- und Regionalverkehrspläne der Länder und Gemeinden, dass das Grundangebot im Bereich des öffentlichen Verkehrs ausgebaut werden soll, so kann auf Grundlage des ÖPNRV-G prinzipiell davon ausgegangen werden, dass der Bund sich nicht an der Finanzierung beteiligt, sondern diese den Ländern und Gemeinden überlässt.

Das ÖPNRV-G sieht Verkehrsverbünde als Institutionen vor, die die Festsetzung der Beförderungspreise, die Verkehrsplanung und Fahrplangestaltung, die Bestellung von Verkehrsdiensten, die Qualitätskontrolle und die Marketing- und Vertriebsaktivitäten sowie Kundeninformation übernehmen.[51] Die Verkehrsverbünde sind somit Schnittstelle zwischen Fahrgästen, Verkehrsunternehmen, Gebietskörperschaften und Politik.[52]

In der *Schweiz* entspricht die Terminologie des „Service public" etwa dem in Deutschland verwandten Begriff der Daseinsvorsorge.[53] Im Bericht des Schweizer Bundesrats zur „Grundversorgung in der Infrastruktur (Service public)" wird der Begriff folgendermaßen definiert: „Service public umfasst eine politisch definierte Grundversorgung mit Infrastrukturgütern und Infrastrukturdienstleistungen, welche für alle Bevölkerungsschichten

---

50 Vgl. Köfel, Manuel; Mitterer, Karoline (2013): ÖPNV-Finanzierung in Österreichs Städten. Aktuelle Finanzierung und neue Steuerungs- und Finanzierungsmodelle. Endbericht KDZ Managementberatungs- und Weiterbildungs GmbH, S. 17.
51 Vgl. ebenda.
52 Vgl. Homepage Verkehrsverbund Ost-Region, aufgerufen unter: http://www.vor.at /der-vor/ueber-den-vor/, Zugriff 11.2.2014.
53 Vgl. Frey, René (2008): Service public in der Schweiz: Reform der Grundversorgung in der Fläche, aufgerufen unter: http://www.crema-research.ch/bawp/2008-0 3.pdf, Zugriff 26.8.2013.

und Regionen des Landes nach gleichen Grundsätzen in guter Qualität und zu angemessenen Preisen zur Verfügung stehen sollen."[54] Zum Service public gehören bspw. der öffentliche Verkehr sowie Straßen.[55]

In der Schweiz finden sich verfassungsrechtliche Bestimmungen zum öffentlichen Verkehr in Art. 87 und 92 BV (Bundesverfassung). Laut Art. 87 BV ist die Gesetzgebung über den Eisenbahnverkehr Sache des Bundes. Weiterhin ist in Art. 92 BV festgelegt, dass das Postwesen, das traditionsgemäß auch den regelmäßigen und gewerbsmäßigen Transport von Personen auf der Straße umfasst, Bundeskompetenz ist.[56]

Die Kantone haben somit keine originären verkehrsrechtlichen Kompetenzen. Allerdings wurden ihnen mit der Revision des Eisenbahngesetzes Mitte der 1990er Jahre verschiedene neue Aufgaben übertragen. Die Kantone haben beispielsweise das Recht, die regionalen Verkehrsleistungen gemeinsam mit dem Bund zu bestellen, sowie die Pflicht, „einen Teil der mit bestellten geplanten ungedeckten Kosten abzugelten (Abgeltungsprinzip)" [57]. Beim Vollzug haben die Kantone einen gewissen Gestaltungsspielraum.

Die Kosten des abgeltungsberechtigten öffentlichen Regionalverkehrs werden zwischen Bund und Kantonen und in einem zweiten Schritt zwischen Kanton und Gemeinden aufgeteilt: Bund und Kantone erstatten den Transportunternehmen die laut Planrechnung ungedeckten Kosten des von ihnen gemeinsam bestellten Verkehrsangebotes. Angebote des Ortsverkehrs sowie Linien, die ausschließlich dem Ausflugsverkehr dienen, sind jedoch von Bundesleistungen ausgeschlossen.

Im Ortsverkehr engagieren sich hauptsächlich die Gemeinden und einige Kantone. Die Finanzierung von Verkehrsmaßnahmen in Agglomerationen ist vorwiegend Aufgabe der Kantone und Gemeinden, das bundesseitige Engagement ist nur ergänzend und betrifft die Infrastrukturausgaben und nicht die Betriebskosten des öffentlichen Verkehrs. Auch in der Schweiz ist die Organisation des öffentlichen Personenverkehrs über Ta-

---

54 Bericht des Bundesrates «Grundversorgung in der Infrastruktur (Service public)», aufgerufen unter: http://www.admin.ch/opc/de/federal-gazette/2004/4569.pdf, Zugriff 26.8.2013. S. 2.
55 Vgl. ebenda.
56 Vgl. Seelhofer, Maria (2009): Möglichkeiten und Grenzen von Verkehrs- und Tarifverbünden im Kontext des öffentlichen Regionalverkehrs in der Schweiz. Masterarbeit an der Universität Bern. S. 20 ff.
57 Ebenda.

rifverbünde üblich – diese werden durch die Kantone und Gemeinden finanziert, der Bund zahlt nur dann bei abgeltungsberechtigten Linien mit, wenn die Tarifausfallentschädigungen statt an den Verbund direkt an die Transportunternehmen ausgerichtet werden. [58]

In der Schweiz wird durch Gesetz und in der Finanzverantwortung des Bundes sichergestellt, dass jedes Dorf mit mehr als 100 Personen ganzjährig täglich mit mindestens vier Verbindungen zu versorgen ist. Kunden können mit einer Karte und garantierten Anschlüssen durch die ganze Schweiz fahren. In der Schweiz werden 50 Prozent der Kosten des öffentlichen Verkehrs aus Zuschüssen bestritten, der Rest wird erwirtschaftet.[59]

4.1.2 Gemeindebusse als kleinräumige Mobilitätsangebote (Bundesland Niederösterreich, Österreich)

Für die Angelegenheiten der bedarfsgerechten Mobilitätssicherung in Niederösterreich auf Ebene des Landes ist die Abteilung Gesamtverkehrsangelegenheiten in der Gruppe Raumordnung, Umwelt und Verkehr des Amts der Niederösterreichischen Landesregierung zuständig.

Die Abteilung übernimmt dabei folgende Aufgabenbereiche:

- NÖ Landesverkehrskonzept
- verkehrsträgerübergreifende Konzepte und Studien
- Aufbau von regionalen Verkehrsgesellschaften
- Weiterentwicklung der Verkehrsverbünde
- Grundlagenuntersuchungen und Konzepte zu allen Fragen der Verkehrssicherheit
- Erstellung und Prüfung von Raumverträglichkeitsgutachten im Verkehrsbereich
- Verwaltung der Anteile des Landes in Gesellschaften, die dem Verkehrsverbund dienen
- NÖ Verkehrsberatungszentrum

---

58 Vgl. ebenda.
59 Vgl. Homepage Österreichischer Städtebund, aufgerufen unter: http://www.staedte bund.gv.at/oegz/oegz-beitraege/jahresarchiv/details/artikel/koenig-kundeoder-oeff entlicher-nah-und-regionalverkehr-in-der-schweiz.html?tx_felogin_pi1[forgot]=1, Zugriff 2.9.2013.

• Österreichischer Verkehrssicherheitsfonds
• Maßnahmen des Landes zur Verbesserung der Kommunikationsinfrastruktur.

Die Abteilung Gesamtverkehrsangelegenheiten ist u. a. auch in der landesweiten Koordination von Anrufsammeltaxiangeboten tätig.

„Im Bereich des öffentlichen Verkehrs in Niederösterreich werden vor allem zu Tagesrandzeiten, Zeiten schwacher Verkehrsnachfrage oder in peripheren Gebieten, in denen aufgrund der geringen Bevölkerungsdichte die Führung regelmäßiger Busverkehre nicht finanzierbar ist, als Ergänzung zum traditionellen Linienverkehr (Bus und Bahn), verstärkt bedarfsorientierte Verkehrsmittel wie Anrufsammeltaxis (AST) und Rufbusse eingerichtet. Bei diesen bedarfsorientierten Betriebsformen werden die Fahrgäste gegen telefonische Bestellung von und zu AST Sammelstellen oder zur Haustüre - bzw. im Fall des Rufbusses von und zu Bushaltestellen - chauffiert."[60]

Das Land Niederösterreich fördert bedarfsgesteuerte Verkehrssysteme. Um die organisatorische und finanzielle Hürde der Gemeinden bei der Einrichtung solcher, bedarfsgesteuerter Verkehrssysteme zu erleichtern, hat das Land bei der Firma Walter Services Austria (WSA) eine landesweite „Dispositionszentrale für bedarfsgesteuerte Verkehrssysteme" eingerichtet, durch welche Anrufsammeltaxi- und Rufbussysteme organisatorisch unterstützt werden.[61]

Ergänzend zu den in Niederösterreich bereits umgesetzten Anrufsammeltaxis (AST) und Rufbussen wird zum Lückenschluss der „letzten Meile", also der letzten Lücke in der Kette der öffentlichen Verbindungen von Tür zu Tür, das System der Gemeindebusse eingesetzt. Diese stellen ein noch flexibleres System als Anrufsammeltaxis dar. Gemeindebusse werden meist durch einen Verein mit freiwilligen Fahrern betrieben, Fahrten werden innerhalb einer vorgegebenen Betriebszeit und einem fixen Bedienungsgebiet angeboten. Innerhalb der zeitlichen und räumlichen Grenzen können nach telefonischer Anmeldung der Fahrgäste beim Fahrer die Fahrten ohne Fahrplan durchgeführt werden.

---

60 Homepage Amt der niederösterreichischen Landesregierung, aufgerufen unter: http://www.noe.gv.at/Verkehr-Technik/Oeffentlicher-Verkehr/Kleinraeumige-Mo bilitaetsangebote-/AST.html, Zugriff 22.1.2014.
61 Vgl. Homepage Amt der niederösterreichischen Landesregierung, aufgerufen unter: http://www.noe.gv.at/Verkehr-Technik/Oeffentlicher-Verkehr/Kleinraeumige-Mobilitaetsangebote-/AST.html, Zugriff 22.1.2014.

Das Land Niederösterreich fördert Gemeindebussysteme in Niederösterreich, um die Gemeinden in der Umsetzung einer bedarfsgerechten Erschließung, auch in kleinräumigen und peripheren Strukturen abseits des bestehenden Linienverkehrs, zu unterstützen. Weiterhin wurde vom Land Niederösterreich mit der NÖ Versicherung ein umfassendes Versicherungspaket ausgearbeitet, in welchem alle Versicherungen enthalten sind, die für den Betrieb eines Gemeindebussystems nötig bzw. empfehlenswert sind.[62]

Ein Beispiel für die Umsetzung eines alternativen Mobilitätsangebots ist die Marktgemeinde Ernstbrunn (ca. 3.100 Einwohner), die im Zentrum des Weinviertels knapp 50 km nördlich von Wien liegt. Hier wurde 2011 der Mobilitätsverein „Ernsti-Mobil" gegründet. Ziel dieses Vereins ist es, innerhalb des Gemeindegebietes von Ernstbrunn (80 km2, 14 Kastratalgemeinden) eine Ergänzung des öffentlichen Busangebots zu schaffen und Haus-zu-Haus-Transporte für verschiedenste Zwecke (z. B. Arztbesuch, Besuch von Veranstaltungen, Besorgungen etc.) zu ermöglichen.

Hierfür steht ein Fahrzeug zur Verfügung, in welchem einschließlich Fahrer neun Personen Platz finden. Alle Fahrer sind ehrenamtlich tätig – am Wochenende wird der Betrieb durch Gemeinderatsmitglieder gewährleistet. An Arbeitstagen verkehrt das „Ernsti-Mobil" von 06.30 - 20.00 Uhr, Samstags, Sonn- & Feiertags von 07.30 - 20.00 Uhr. Fahraufträge werden telefonisch angemeldet, ca. 25 bis 30 Minuten vor Fahrtantritt. Im Vorverkauf kostet eine Fahrkarte € 2,50, im Bus € 3,00. Alle laufenden Betriebskosten wie Steuern, Versicherung aber auch anfallende Wartungen und Instandsetzungen, Bewerbung und Administration werden durch die Vereinsmitglieder getragen. Voraussetzung für die Nutzung des Angebots ist die Mitgliedschaft im Verein. Bei insgesamt rund 40 Mobilitätspartnern sind Beitrittserklärungen zum Verein sowie die Fahrtickets erhältlich.[63] Ende 2013 gab es bereits 287 Vereinsmitglieder.[64]

---

62 Vgl. Homepage Amt der niederösterreichischen Landesregierung, aufgerufen unter: http://www.noe.gv.at/Verkehr-Technik/Oeffentlicher-Verkehr/Kleinraeumige-Mobilitaetsangebote-/Gemeindebusse.html, Zugriff 22.1.2014.
63 Vgl. Homepage Marktgemeinde Ernstbrunn, aufgerufen unter: http://ernstbrunn.ris kommunal.net/system/web/sonderseite.aspx?menuonr=222529618&detailonr=222 529618, Zugriff 18.2.2014.
64 Vgl. Vortrag und Präsentationsfolien Horst Gangl: „Mikromobilität in der Marktgemeinde Ernstbrunn", am 3.4.2014 in St. Pölten, im Rahmen des internationalen Informations- und Erfahrungsaustausches Niederösterreich.

In Gerersorf im Mostviertel (ca. 900 Einwohner), wenige Kilometer westlich der Landeshauptstadt St. Pölten gelegen, wurde mit dem Gemeindebus ein ähnliches Projekt zur Ergänzung der lokalen Mobilitätsangebote geschaffen. 2014 waren hier bereits 103 Personen Vereinsmitglieder.[65]

Der Bus ist ein gemeinsames Projekt der Gemeinde Gerersdorf und des Landes Niederösterreich. Ziel ist es, die Mobilität der Gerersdorfer Bevölkerung zu verbessern. So stehen derzeit nur drei Busverbindungen nach St. Pölten zur Verfügung, sodass eine große Abhängigkeit von einem eigenen Auto gegeben ist. Dieses steht jedoch vielen der Gemeindebürger jeden Alters nicht oder nicht immer zur Verfügung. Der Gemeindebus Gerersdorf mit seinen freiwilligen Fahrern sorgt dafür, dass Vereinsmitglieder Fahrtziele innerhalb der Gemeinde auch ohne eigenes Auto erreichen können, wobei Sie im gesamten Ortsgebiet immer von zu Hause abgeholt werden. Aber auch Fahrtziele in der Nähe (St. Pölten, Prinzersdorf) können direkt angefahren werden. Fahrten zu Ärzten können nach St. Pölten und nach Prinzersdorf direkt von Tür zu Tür erfolgen. Fahrzeiten sind von Montag bis Freitag jeweils von 7.00 bis 19.00 Uhr. Die Kosten für eine Strecke belaufen sich auf € 2,50 pro Person. Der Gemeindebus ist barrierefrei und behindertengerecht ausgestattet.[66]

Erfolgsfaktoren

Die Realisierung der Gemeindebusse in einigen Gemeinden zeigt den Erfolg. Seit der Einführung der Gemeindebusse steigen die Fahrgastzahlen. In Ernstbrunn stieg beispielsweise die Anzahl der verkauften Tickets jährlich, seit dem Start Ende 2011 wurden bereits 5.105 Tickets an Vereinsmitglieder verkauft.[67]

Folgende Faktoren tragen zur Sicherung und Verbesserung der Mobilität in den ländlichen Regionen bei:

•   Der strategische Rahmen, den die niederösterreichische Landesregierung geschaffen hat,

---

65 Vgl. Vortrag und Präsentationsfolien Herbert Wandl: „Gemeindebus Gerersdorf", am 3.4.2014 in St. Pölten, im Rahmen des internationalen Informations- und Erfahrungsaustausches Niederösterreich.

66 Vgl. Homepage Gemeinde Gerersdorf, aufgerufen unter: http://www.gerersdorf.gv.at/system/web/sonderseite.aspx?menuonr=224318311&detailonr=224318311, Zugriff 18.2.2014.

67 Vgl. Vortrag und Präsentationsfolien Horst Gangl: „Mikromobilität in der Marktgemeinde Ernstbrunn", am 3.4.2014 in St. Pölten, im Rahmen des internationalen Informations- und Erfahrungsaustausches Niederösterreich.

- die Unterstützung der Gemeinden durch die Landesregierung[68],
- das hohe ehrenamtliche Engagement, durch Bürgermeister, Gemeinderäte sowie Bürgerinnen und Bürger, z.b. als freiwillige Fahrerinnen und Fahrer der Gemeindebusse,
- zahlreiche Kooperationen, z. B. im Ticketverkauf,
- die Akzeptanz und die Nutzung der Gemeindebusse von Bürgerinnen und Bürgern, die hierfür Vereinsmitglieder geworden sind.

Eine Herausforderung wird es sein, die Mobilität in peripheren Räumen nachhaltig zu sichern sowie das Engagement der ehrenamtlichen Helfer aufrecht zu erhalten oder sogar noch zu erhöhen.[69]

4.1.3 Mobilitätszentrale zur Unterstützung von Bürgern und Gemeinden (Bundesland Niederösterreich, Österreich)

Hintergrund für die Initiierung der Mobilitätszentralen war eine Untersuchung der Abteilung „Gesamtverkehrsangelegenheiten" der Niederösterreichischen Landesregierung über das Pendlerverhalten der Niederösterreicher mittels Mobiltelefonen. Darauf aufbauend wurden Strategien für die verschiedenen Pendlergruppen entwickelt, wie z. B. die Bahnhofsoffensive für Wienpendler oder die Mobilitätszentralen Niederösterreich für die Bezirkspendler.[70]

Die Mobilitätszentralen in den fünf niederösterreichischen Hauptregionen, die von der Landesregierung betrieben werden, sind vor Ort für Gemeinden, Schulen, Institutionen, Unternehmen sowie Bürgerinnen und Bürger Ansprechpartner in der Region und bieten im Bereich Mobilität

---

68 Vgl. Homepage Amt der niederösterreichischen Landesregierung, aufgerufen unter: http://www.noe.gv.at/Verkehr-Technik/Oeffentlicher-Verkehr/Kleinraeumige-Mobilitaetsangebote-/Gemeindebusse.html, Zugriff 22.1.2014.
69 Vgl. Vortrag und Präsentationsfolien Horst Gangl: „Mikromobilität in der Marktgemeinde Ernstbrunn", am 3.4.2014 in St. Pölten, im Rahmen des internationalen Informations- und Erfahrungsaustausches Niederösterreich. Und Vortrag und Präsentationsfolien Herbert Wandl: „Gemeindebus Gerersdorf", am 3.4.2014 in St. Pölten, im Rahmen des internationalen Informations- und Erfahrungsaustausches Niederösterreich.
70 Vgl. Vortrag und Präsentationsfolien Ao. Univ. Prof. Dipl. Ing. Dr. Friedrich Zibuschka: „Öffentlicher Verkehr in NÖ. Strategie und Maßnahmen", am 3.4.2014 in St. Pölten, im Rahmen des internationalen Informations- und Erfahrungsaustausches Niederösterreich.

Beratung, Service und Informationen an. Sie betreiben Qualitäts-, und Projektmanagement sowie Öffentlichkeitsarbeit.

Die Mobilitätszentralen sind in das Regionalmanagement integriert. Sie nehmen eine Drehscheiben- und Koordinierungsfunktion ein und sind erste Anlaufstelle für Gemeinden und Bürger, wenn es darum geht, bedürfnisgerechte und zukunftsfähige Konzepte des öffentlichen Verkehrs zu erarbeiten und umzusetzen. Ziel ist die Verbesserung und Weiterentwicklung des niederösterreichischen Mobilitätsangebotes. Außerdem übernehmen die Mobilitätszentralen in den Regionen wichtige Informationsaufgaben.[71]

Die Schwerpunkte der Arbeit der Mobilitätszentrale im Waldviertel sind u. a. die Steigerung der Nutzung des Öffentlichen Verkehrs durch Erhöhung der Attraktivität sowie Verbesserung des Angebotes. Beispielsweise werden regionale Fahrplanhefte herausgegeben und Fahrplandialoge, Schulgipfel sowie Informationsveranstaltungen veranstaltet.[72]

Die Personal- und Betriebskosten der Mobilitätszentrale trägt die Abteilung Gesamtverkehrsangelegenheiten der niederösterreichischen Landesregierung. Zusätzlich steht für die Mobilitätszentrale Waldviertel ein Betrag von 10.000 € pro Jahr für die Umsetzung von Mobilitätsprojekten zur Verfügung. Die Gemeinden müssen keinen laufenden Beitrag zur Finanzierung der Mobilitätszentrale leisten, aber Projekte mitfinanzieren.[73]

Erfolgsfaktoren

Die Initiierung zahlreicher Projekte der Mobilitätszentralen zeigen den Erfolg. Folgende Faktoren tragen zur Sicherung der Mobilität bei:

- die Einbettung in einen strategischen Rahmen der niederösterreichischen Landesregierung,
- die Unterstützung der Gemeinden durch die Landesregierung u.a. über die Finanzierung der Mobilitätszentralen,
- Innovative und niederschwellige Analyseverfahren zur Erhebung von Wegemustern (Tracking von Mobiltelefonen),

---

71 Vgl. Homepage N-mobil, aufgerufen unter: http://www.n-mobil.at/, Zugriff 3.2.2014.
72 Vgl. Vortrag und Präsentationsfolien Sonja Kreutzer: „Mobilitätszentralen Niederösterreichisch", am 3.4.2014 in Friedersbach, im Rahmen des internationalen Informations- und Erfahrungsaustausches Niederösterreich.
73 Vgl. Vortrag und Präsentationsfolien Sonja Kreutzer: „Mobilitätszentralen Niederösterreichisch", am 3.4.2014 in Friedersbach, im Rahmen des internationalen Informations- und Erfahrungsaustausches Niederösterreich.

- zahlreiche Kooperationen der Mobilitätszentralen mit verschiedensten Akteuren vor Ort,
- die zunehmende Nutzung des ÖPNV durch Bürgerinnen und Bürger.

Eine Herausforderung wird es weiterhin sein, die Mobilität in peripheren Räumen eng an den Bedarfen der Bevölkerungsgruppen auszurichten, um die Nutzungszahlen stabil zu halten bzw. zu erhöhen.[74]

4.1.4 Bus alpin zur Schließung der letzten Meile im öffentlichen Personennahverkehr (Kanton Graubünden, Schweiz)

Bus alpin ist ein Verein, der sich mit der öffentlichen Verkehrserschließung touristischer Ausflugsziele in den schweizerischen Berggebieten beschäftigt. Mitglieder sind ausschließlich juristische Personen: die nationalen Trägerorganisationen sowie die Mitgliedsregionen. Diese sind zusammen mit jeweils einer Stimme in der Generalversammlung – dem obersten Organ des Vereins – vertreten. Der Vorstand ist zusammen mit der Geschäftsstelle für die laufenden Geschäfte verantwortlich.[75]

Bus alpin fördert öffentliche Verkehrsangebote zu touristischen Ausflugszielen in den Berggebieten, die nicht von öffentlichen Abgeltungen profitieren können. Das sind solche Ziele, die von weniger als 100 Menschen bewohnt werden. Dadurch fallen sie durch die Maschen der Regionalverkehrs-Finanzierung. Bus alpin leistet durch die verbesserte ÖV-Erschließung auch dieser kleinen Ortschaften einen Beitrag zur Sicherung der Mobilität sowie der Steigerung der touristischen Attraktivität der Mitgliedsregionen. Dadurch wird die regionale Wertschöpfung erhöht. Gleichzeitig wird ein Umsteigeeffekt vom Auto auf den ÖV angestrebt. Die Mitgliedsregionen werden von Bus alpin bei Angebotsentwicklung, Betriebsaufbau, Vermarktung und Finanzierung der ÖV-Angebote unterstützt. Bislang nehmen bereits einige Schweizer Regionen an Bus alpin teil.[76]

Konkrete Ziele sind

---

74 Vgl. ebenda.
75 Vgl. Homepage Bus alpin, aufgerufen unter: http://www.busalpin.ch/de/organisati on.html, Zugriff 20.2.2014.
76 Vgl. Homepage Bus alpin, aufgerufen unter: http://www.busalpin.ch/de/organisati on.html, Zugriff 14.2.2014.

- die Förderung der Zusammenarbeit der lokalen Akteure (Regionalplanung, Verkehr, Tourismus),
- die Vermarktung der Angebote im öffentlichen Verkehr (ÖV) für die Zielgruppen autofreie Haushalte und ausländische Gäste,
- die Verbesserung der regionalen touristischen Angebote durch Ausbau und Optimierung des ÖV,
- die Nutzung von Synergien im Bereich Marketing,
- die Nutzung regionaler Ressourcen und Know-how wie Verkehrsanalysen und Marketing,
- die Verlagerung von Binnen-/Tagesausflugstourismus und Freizeitverkehr auf zweckmäßige öffentliche Verkehrsmittel,
- die Verbesserung des ÖV in den entsprechenden Segmenten des Freizeitverkehrs,
- die Entwicklung von bedarfsorientierten Angeboten,
- das Erreichen einer kostengünstigen Produktion der ÖV-Angebote sowie die Sicherung einer nachhaltigen Finanzierung in der Region,
- die Herausarbeitung der Übertragbarkeit auf andere Regionen
- sowie die Verbesserung der Lebens-, Erholungs- und Umweltqualität in den durch den motorisierten Individualverkehr oft beeinträchtigten Regionen.[77]

Zu den nationalen Trägern des Vereins gehört u.a. die Schweizerische Arbeitsgemeinschaft für die Berggebiete (SAB), ein Verein, der sich für die Interessen der Berggebiete einsetzt.

Die Kosten reichen jährlich je Region von 30.000 bis 70.000 CHF. Die Einnahmen aus dem Ticketverkauf decken 30 bis 90% der Kosten. Das restliche Geld muss durch Geldgeber und Sponsoren gedeckt werden. Somit sind regionale Sponsoren wichtig.[78]

Erfolgsfaktoren

Jährlich hat Bus alpin rund 20.000 Fahrgäste. Im Jahr 2007 erhielt das Projekt den Innovationspreis öffentlicher Verkehr (Preisausschreibung des

---

77 Vgl. Schweizerische Arbeitsgemeinschaft für die Berggebiete - SAB, Verkehrs-Club der Schweiz - VCS, Schweizer Alpen-Club - SAC (Hrsg.) (2008): Alpentäler-Bus / Bus Alpin –Die Erschließung touristisch interessanter Ausflugsziele mit öffentlichem Verkehr, Schlussbericht (Kurzfassung), Zürich, S. 4.

78 Vgl. Vortrag und Präsentationsfolien Thomas Egger: „Potenzialarme Räume Graubünden. Umgang mit ungenutzten Potentialen. Handlungsmöglichkeiten und Strategien", am 21.5.2014 in Chur, im Rahmen des internationalen Informations- und Erfahrungsaustausches Graubünden und Südtirol.

Verkehrs-Club der Schweiz (VCS), des Schweizerischen Eisenbahn- und Verkehrspersonal-Verbandes (*SEV*) sowie des Verbandes öffentlicher Verkehr (VöV)).

Maßgebliche Faktoren, die zum Projekterfolg beitragen, sind

- das Zusammenbringen von touristischen Angeboten mit Angeboten des öffentlichen Verkehrs,
- eine starke regionale Verankerung, durch Trägerschaft bei Gemeinden oder Naturparken sowie
- starke nationale Partner, durch die die nationale Ausstrahlung des Modells gewährleistet und die Übertragbarkeit ermöglicht wird.

Eine Fahrgastbefragung aus dem Pilotprojekt in den Jahren 2006 und 2007 verdeutlichte folgende Erfolgsfaktoren:

- Zusätzliche regionale Wertschöpfung jährlich circa ein bis zwei Millionen Franken,
- 30% der Fahrgäste sind Umsteigerinnen und Umsteiger vom Auto, was einer jährlichen Einsparung von 100 Tonnen CO2 entspricht. [79]

Weitere Herausforderungen bestehen in der Erhaltung der Attraktivität bestehender Linien sowie der Realisierung zusätzlicher Linien.[80]

4.2 Ansätze zur Verbesserung der Gesundheitsfürsorge in kleinen Kleinstädten und Landgemeinden

4.2.1 Zuständigkeiten im Gesundheitsbereich in der Schweiz und in Schweden

Das Gesundheitssystem der Schweiz ist föderalistisch aufgebaut. Gesundheitsleistungen und Gesundheitspolitik verteilen sich auf die drei Ebenen Bund, Kantone und Gemeinden. Diese Situation – ein kleinräumiges Land

---

79 Vgl. Homepage Bus alpin, aufgerufen unter: http://www.busalpin.ch/de/organisati on.html, Zugriff 20.2.2014.
80 Vgl. Vortrag und Präsentationsfolien Thomas Egger: „Potenzialarme Räume Graubünden. Umgang mit ungenutzten Potentialen. Handlungsmöglichkeiten und Strategien", am 21.5.2014 in Chur, im Rahmen des internationalen Informations- und Erfahrungsaustausches Graubünden und Südtirol.

mit 26 kantonalen Gesundheitssystemen und hoher Gemeindeautonomie –
führt in vielen Bereichen zu Zersplitterung und Überschneidungen.[81]

Auf Bundesebene sind Bundesrat und Parlament für die Ausrichtung
der schweizerischen Gesundheitspolitik verantwortlich. Sie entwerfen und
erlassen Gesetze und Verordnungen. Die Kantone verfügen aufgrund der
historischen Entwicklung der Schweiz mit ihren traditionell föderalen
Strukturen über weitgehende Kompetenzen im Gesundheitsbereich. Seit
einigen Jahren ist aber eine verstärkte Kooperation zwischen Bund, Kantonen und Gemeinden zu beobachten.[82]

Die Kantone und ihre Gesundheitsbehörden nehmen die Hauptverant-
wortung wahr[83], sie vollziehen die vom Bund erlassenen Gesetze und Verordnungen. Die Bundesbestimmungen können durch kantonale Ausfüh-
rungsgesetze ergänzt werden. Im Vollzug der gesetzlichen Vorgaben sind
die Kantone jedoch autonom.[84] Die Aufgaben der kantonalen Gesund-
heits- und Sanitätsdirektionen sind die:

- „Sicherstellung der Gesundheitsversorgung: Spitalplanung, Bau und
  Betrieb kantonaler Spitäler und Heime, spitalexterne Krankenpflege
  (Spitex), sozialpsychiatrische Dienste, schulärztliche Dienste, Notfall-
  und Rettungsdienste, Gesundheitspolizei u.a.m.
- Aufsicht über Spitäler, Heime und Kliniken
- Prävention und Gesundheitsförderung (zusammen mit Bund und Ge-
  meinden)
- Berufszulassung für medizinische und paramedizinische Berufe (Ärz-
  tinnen und Ärzte, Physiotherapeutinnen und -therapeuten usw.)
- Lebensmittelkontrolle, Giftkontrolle, Umweltschutz
- Finanzierung/Subventionierung verschiedener Einrichtungen; Prämien-
  verbilligung Krankenversicherungsgesetz für wirtschaftlich schwache
  Personen.“[85]

---

81 Vgl. Bundesamt für Gesundheit (Hrsg.) (2005): Das schweizerische Gesundheits-
    wesen. Aufbau, Leistungserbringer, Krankenversicherungsgesetz. S. 5.
82 Vgl. ebenda. S. 7.
83 Vgl. Vortrag und Präsentationsfolien Thomas Egger: „Potenzialarme Räume Grau-
    bünden. Umgang mit ungenutzten Potentialen. Handlungsmöglichkeiten und Stra-
    tegien", am 21.5.2014 in Chur, im Rahmen des internationalen Informations- und
    Erfahrungsaustausches Graubünden und Südtirol.
84 Vgl. Bundesamt für Gesundheit (Hrsg.) (2005): Das schweizerische Gesundheits-
    wesen. Aufbau, Leistungserbringer, Krankenversicherungsgesetz. S. 10.
85 Ebenda.

Die Aufgaben der gemeindlichen Gesundheits- und Fürsorgebehörden variieren je nach Größe der Gemeinde. U. a. gehören dazu die Sicherstellung der Gesundheitsversorgung (Spitäler und Heime, Spitex, Beratungs- und Sozialdienste, Schulzahnpflege), die Prävention und Gesundheitsförderung (zusammen mit Bund und Kanton) und der koordinierte Sanitätsdienst (mit Bund, Kantonen und privaten Organisationen)."[86] Zum Teil werden diese Aufgaben gemeinsam mit Nachbargemeinden wahrgenommen oder an Private delegiert. [87] Insgesamt lässt sich feststellen, dass das schweizerische Gesundheitssystem mit Kosten, die einem Anteil von 11,3% des Bruttoinlandsprodukts entsprechen (2005), zu den teuersten Gesundheitssystemen der Welt zählt.[88]

Das schwedische Verständnis des Begriffs Daseinsvorsorge ist stark an die Terminologie des Konzeptes SGI (Services of General Interest) der Europäischen Union angelehnt, da dem Begriff als solches in Schweden keine theoretische Basis zu Grunde lag. Demnach werden unter Daseinsvorsorgeleistungen sowohl marktbezogene als auch nichtmarktbezogene Dienstleistungen von allgemeinem Interesse verstanden, die von staatlichen Stellen erbracht werden. Hierunter fallen einerseits technische und soziale Infrastrukturen, andererseits ebenfalls kommerzielle Dienstleistungen. Des Weiteren ist in Schweden der Terminus SSGI (Social Services of General Interest) gebräuchlich, da die Begrifflichkeiten „social service" und „public services" dem schwedischen Verständnis der europäischen Terminologie SGI am nächsten zu entsprechen scheinen.[89],[90]

Schweden verfügt über ein staatliches, im Wesentlichen steuerfinanziertes und dezentral organisiertes Gesundheitssystem. Versichert ist die ge-

86 Ebenda.
87 Vgl. ebenda. S. 12.
88 Vgl. ebenda. S. 5.
89 Vgl. Jungermann, Franziska (2010): Schwedens Politik zur Gewährleistung der Daseinsvorsorge am Beispiel Jämtlands, in: Europa Regional 18 (2-3), S. 72f, aufgerufen unter: http://87.234.205.235/Ar/Text/ER2010-2-3Jung.pdf, Zugriff 22.6.2013.
90 Vgl. Bundesministerium für Verkehr, Bau und Stadtentwicklung (Hrsg.) (2013): Daseinsvorsorge im europäischen Vergleich – Problemwahrnehmung, Lösungsstrategien, Maßnahmen. BMVBS-Online-Publikation, Nr. 04/2013, S. 26, aufgerufen unter: http://www.nexusinstitut.de/images/stories/content-pdf/bbsr_bericht_vorstudie.pdf, Zugriff 22.6.2013.

samte Bevölkerung nach dem Wohnsitzprinzip. Es gibt keine Versicherungspflichtgrenze.[91]

Auf staatlicher Ebene werden mittels Gesetzen und Verordnungen Grundsätze für die Gesundheitsversorgung festgelegt und die Ausrichtung der Gesundheitspolitik bestimmt. Weitere Regelungen werden durch Übereinkommen mit dem Verband schwedischer Gemeinden und Provinziallandtage getroffen.[92] Die zentrale Rolle bei der Gesundheitsversorgung spielen 18 Provinziallandtage (*Landsting*) sowie als Sonderfälle zwei Regionen (Skane und Västra Götaland als Zusammenschlüsse von Landtagen) und eine Kommune (Gotland).[93] Die Koordination des Gesundheitswesens ist eine der zentralen Aufgaben der Provinziallandtage.[94] Sie sind für die Sicherstellung der medizinischen Versorgung zuständig, die Einrichtungen der medizinischen Versorgung werden überwiegend von ihnen betrieben. Die Provinziallandtage sind für die gesamte Planung der angebotenen Leistungen sowie für die Verteilung der finanziellen Mittel und die Finanzierung der Gesundheitsversorgung verantwortlich – dies erfolgt vorwiegend durch die Erhebung einer auf das Einkommen bezogenen Steuer. Je nach Kommunalpolitik können die Provinziallandtage „innerhalb eines vorgegebenen Rahmens eigene Schwerpunkte in der Gesundheitsversorgung setzen"[95], wodurch es zu deutlichen regionalen Unterschieden kommen kann[96].

Die Provinziallandtage sind für die ambulante und stationäre Versorgung zuständig. Primärversorgungszentren übernehmen die ambulante Versorgung. Mit den poliklinischen Abteilungen nehmen aber auch die

---

91 Vgl. Homepage AOK Bundesverband, aufgerufen unter: http://www.aok-bv.de/pol itik/europa/index_01403.html, Zugriff 23.8.2013.
92 Vgl. Schwedisches Institut (Hrsg.)(2007): Das schwedische Gesundheitswesen, aufgerufen unter: http://www.schweden-navigator.de/pdf/Gesundheitswesen.pdf, Zugriff 23.8.2013.
93 Vgl. Homepage Bundeszentrale für politische Bildung, aufgerufen unter: http://w ww.bpb.de/politik/innenpolitik/gesundheitspolitik/72915/s-versorgungsstrukturen, Zugriff 3.9.2013.
94 Vgl. Schwedisches Institut (Hrsg.)(2007): Das schwedische Gesundheitswesen, aufgerufen unter: http://www.schweden-navigator.de/pdf/Gesundheitswesen.pdf, Zugriff 23.8.2013.
95 Homepage AOK Bundesverband, aufgerufen unter: http://www.aok-bv.de/politik/ europa/index_01403.html, Zugriff 23.8.2013.
96 Vgl. Schwedisches Institut (Hrsg.)(2007): Das schwedische Gesundheitswesen, aufgerufen unter: http://www.schweden-navigator.de/pdf/Gesundheitswesen.pdf, Zugriff 23.8.2013.

Krankenhäuser an der ambulanten Versorgung teil.[97] Zusätzlich zu den öffentlichen Leistungsanbietern gibt es vertraglich an den nationalen Gesundheitsdienst gebundene private ärztliche Praxen. Im Bereich der Seniorenbetreuung im Rahmen der Heim- und Hauspflege und der Betreuung von Menschen mit Behinderungen sind die Gemeinden verantwortlich.[98]

Zur Sicherstellung der ambulanten Versorgung sind die Provinziallandtage (*landsting*) in mehrere Primärversorgungsgebiete unterteilt, die oftmals den kommunalen Grenzen entsprechen. In diesen Gebieten erfolgt die Primärversorgung durch etwa 800 von den Provinziallandtagen betriebenen Primärversorgungszentren und durch 300 privat betriebene Einrichtungen. Letztere finden sich insbesondere in großen Städten, auf sie entfielen im Jahr 2003 etwa 29 Prozent aller Arztkontakte in der ambulanten Versorgung.[99] In den Primärversorgungszentren sind Allgemeinmediziner, Kinderärzte und Pflegekräfte, Hebammen und Geburtshelfer, Physiotherapeuten sowie Gynäkologen beschäftigt.[100]

Erstkontakte der Patienten erfolgen häufig über eine Distriktpflegekraft. Distriktpflegekräfte stehen unter ärztlicher Aufsicht und haben folgende Aufgaben:

- Durchführung von Hausbesuchen, insbesondere bei älteren Patientinnen und Patienten,
- Einschätzen der Lage,
- Verordnen von Medikamenten,
- Verweisen der Patientinnen und Patienten bei Bedarf an Allgemeinärztinnen und -ärzte oder Krankenhäuser.

> „Die fachärztliche Versorgung erfolgt überwiegend über an der ambulanten Versorgung beteiligte Krankenhausabteilungen. Patientinnen und Patienten haben die Möglichkeit, diese direkt in Anspruch zu nehmen. Im internationalen Vergleich ist die Anzahl der Arztkontakte pro Einwohner und Jahr in Schweden mit 2,8 (2003) gering."[101]

Im Bereich der stationären Versorgung existieren in Schweden drei Stufen:

---

97 Vgl. ebenda.
98 Vgl. ebenda.
99 Vgl. Homepage Bundeszentrale für politische Bildung, aufgerufen unter: http://www.bpb.de/politik/innenpolitik/gesundheitspolitik/72915/s-versorgungsstrukturen, Zugriff 3.9.2013.
100 Vgl. ebenda.
101 Ebenda.

- von den Provinziallandtagen betriebene Distriktkrankenhäuser, die in der stationären Grundversorgung tätig sind,
- ein von den Provinziallandtagen betriebenes Zentralkrankenhaus mit zusätzlichen Fachabteilungen,
- ein Regionalkrankenhaus, das durch den Zusammenschluss mehrerer Provinziallandtage zu einer Region betrieben wird und für komplizierte Fälle oder seltene Erkrankungen zuständig ist. Dabei wird das Regionalkrankenhaus von einem Provinziallandtag betrieben und bekommt die Kosten für die Behandlung der Einwohner anderer Landtage erstattet.[102]

Der Vertrieb von Arzneimitteln ist in Schweden verstaatlicht und dem staatlichen Unternehmen Apoteket AB übertragen. „Die Abgabe von Medikamenten erfolgt in 900 Apotheken und 1.000 vertraglich angebundenen Geschäften. Bei diesen handelt sich insbesondere um Lebensmittelgeschäfte in ländlichen Gebieten."[103]

4.2.2 Nationalparkregion – Gesundheitsregion als Verbindung von Gesundheit und Tourismus (Kanton Graubünden, Schweiz)

Die Stärken der Gemeinden im Schweizer Nationalpark, genannt „Nationalparkregion", welche das Unterengadin und das Val Müstair umfasst, liegen in der intakten Natur- und Kulturlandschaft mit ihrer naturnahen Landwirtschaft, im werte- und sinnorientierten Tourismus, in einer innovativen Gesundheitsversorgung und in einer gut ausgebauten Infrastruktur. Um die bestehenden Potenziale noch systematischer auszuschöpfen, wurde in Partnerschaft mit der Tourismus Engadin Scuol Samnaun Val Müstair AG und der Universität St. Gallen vom „Center da sandà Engiadina Bassa" (Gesundheitszentrum Unterengadin) das Projekt „Nationalparkregion-Gesundheitsregion" initiiert.[104]

Unter dem Dach des „Center da sandà Engiadina Bassa (Gesundheitszentrum Unterengadin)" arbeiten im Unterengadin wichtige regionale Anbieter in den Bereichen Gesundheitsversorgung, Pflege, Betagtenbetreu-

---

102 Vgl. ebenda.
103 Ebenda.
104 Homepage Gesundheitszentrum Unterengadin, aufgerufen unter: http://www.cseb .ch/download/Cseb-de_filebase/AttachmentDocument/Allegra-Nationalparkregio n.pdf, Zugriff 20.2.2014.

ung und Wellness zusammen. Dazu gehören bspw. auch Hotels, Restaurants und der Einzelhandel, Universitäten, das örtliche Krankenhaus, Ärzte und Pflegedienste. So können die Angebote des Regionalspitals, der Spitex, der Pflegegruppen sowie des Engadin Bad Scuol im Sinne der einheimischen Bevölkerung, der Patientinnen und Patienten, der Klienten und der Gäste ideal aufeinander abgestimmt werden. [105]

Durch das Projekt Nationalparkregion-Gesundheitsregion „sollen bestehende und neue Angebote von Tourismus, Gesundheitswesen und Wellness inhaltlich auf innovative Weise verbunden und gemeinsam vermarktet werden."[106] Somit können bestehende Gästesegmente gesichert sowie neue erschlossen werden, wodurch eine regionale Wertschöpfung entstehen kann. Eine Partizipation am wachsenden Gesundheitsmarkt ist dadurch möglich und es können auch in touristisch nachfrageschwachen Zeiten Angebote geschaffen werden. Zudem soll eine langfristig tragbare Gesundheitsversorgung der einheimischen Bevölkerung gesichert werden, beispielsweise profitiert das Spital von dieser Entwicklung und kann erhalten werden. [107]

Mit der besseren Koordination des Angebots im Bereich Gesundheit soll einerseits die touristische Attraktivität der Nationalparkregion und damit die Position der vom Tourismus abhängigen Region auf dem wachsenden Gesundheitsmarkt gesteigert werden, andererseits kann auch die einheimische Bevölkerung von einer verbesserten Versorgung im ländlich-peripheren Raum profitieren, sodass neben dem angestrebten ökonomischen Output ein wichtiger Beitrag zur Sicherung der Daseinsvorsorge im Bereich medizinischer und pflegerischer Versorgung geleistet wird.

Die Tourismus Engadin Scuol Samnaun Val Müstair AG, die Universität St. Gallen und das "Center da sandà Engiadina Bassa" tragen die Pro-

---

105 Vgl. Homepage Gesundheitszentrum Unterengadin, aufgerufen unter: http://www.cseb.ch/Cseb-de/Home, Zugriff 10.2.2013.
106 Homepage Regiosuisse, aufgerufen unter: http://www.regiosuisse.ch/docs/news/dokumente-2013/wirkungsmessung/nationalparkregion-2013-esundheitsregion.pdf/at_download/file; Zugriff 20.2.2014.
107 Vgl. Vortrag und Präsentationsfolien Urs Wohler: „Nationalparkregion Gesundheitsregion", am 21.5.2014 in Scuol, im Rahmen des internationalen Informations- und Erfahrungsaustausches Graubünden und Südtirol.

jektsumme von 1,4 Mio. und werden zusätzlich durch Bund und Kanton im Rahmen der Neuen Regionalpolitik finanziell unterstützt.[108]

Erfolgsfaktoren

Die verschiedenen Teilprojekte sind mehrheitlich in vermarktungsfähige Produkte umgesetzt, die Schaffung einer Marke „Nationalparkregion – Gesundheitsregion" unter dem Markendach Graubünden ist umgesetzt und wird weiterentwickelt. Weitere neue Angebote sollen in diesem Bereich geschaffen werden. Durch die neuen Angebote profitieren auch andere Daseinsvorsorgebereiche, wie z. B. die Nahversorgung. Es gilt nun die Vermarktung der entstandenen Angebote weiter zu intensivieren.[109]

Auch im Daseinsvorsorgebereich Gesundheit ist eine Zunahme der Angebote zu verzeichnen, beispielsweise durch Sprechstunden für Onkologie, HNO, Augenheilkunde und Neuropädiatrie sowie eine Zunahme der Patientenzahlen. Es konnten neue Vollzeitstellen geschaffen werden und die Gewinnung von Fachkräften fällt leichter.

Als Erfolgsfaktoren des Projektes können betrachtet werden:

- die tragfähige Projektarchitektur,
- das Vorgehen in kleinen aber durchaus innovativen Schritten statt großen Würfen,
- eine langfristige Projektanlage und (personelle) Kontinuität,
- die intensive Kommunikation zwischen den beteiligten Akteuren,
- die Kreativität, die von der Beteiligung von Akteuren aus unterschiedlichen Bereichen herrührt.

Herausforderungen bestehen in der Stärkung und Weiterentwicklung des Angebotes sowie der weiteren Vermarktung der Region und ihrer Angebote.

---

108 Vgl. Homepage Gesundheitszentrum Unterengadin, aufgerufen unter: http://www .cseb.ch/download/Cseb-de_filebase/AttachmentDocument/Allegra-Nationalpark region.pdf, Zugriff 20.2.2014.
109 Vgl. Vortrag und Präsentationsfolien Urs Wohler: „Nationalparkregion Gesundheitsregion", am 21.5.2014 in Scuol, im Rahmen des internationalen Informations- und Erfahrungsaustausches Graubünden und Südtirol.

4.2.3 Strategien und Projektanwendungen für E-Health im Bereich Altenpflege (Provinz Västernorrland, Schweden)

Menschen, die ihre Angehörigen pflegen, sind in vielerlei Hinsicht abhängig von Unterstützung. Ohne pflegende Angehörige könnte der notwendige Pflegebedarf weder heute noch künftig geleistet noch finanziert werden. Pflegekraftunterstützung ist in ländlichen Räumen oft weit weg von den Pflegenden gelegen, wodurch die Nutzbarkeit nur eingeschränkt möglich ist, da bspw. ältere pflegende Angehörigen den Pflegenden nicht alleine lassen können oder wollen.

Informations- und Kommunikationstechnologien können ungeachtet geographischer Distanzen genutzt werden und daher eine Möglichkeit zur Unterstützung für ältere pflegende Angehörige in ländlichen Räumen sein. In Västernorrland werden ältere pflegende Angehörige in ländlichen Regionen mit Hilfe von Informations- und Kommunikationstechnologien bei ihren Pflegeleistungen unterstützt und es wird ihnen die Möglichkeiten zum persönlichen Austausch geboten. Damit soll neben einer Möglichkeit zur Verbesserung der Pflegeleistungen und zur Reduzierung der persönlichen Besuche durch die (kommunal finanzierte) Gemeindeschwester auch der sozialen Isolierung, die mit der Pflege von – beispielsweise dementen – Angehörigen häufig einhergeht, entgegengewirkt werden.[110]

In diesem Projekt werden die in der häuslichen Altenpflege tätigen (älteren) Angehörigen (in der Regel Ehe-/Lebenspartner) über einen Computer mit einer Webcam, der eine leistungsfähige Internetverbindung benötigt, durch Bildungs- und Informationsangebote sowie Netzwerke mit Fachkräften, beispielsweise mit Krankenschwestern, in ihrer Rolle unterstützt. Zudem können sie mit weiteren Betroffenen kommunizieren, beispielsweise wurden „Stammtische" eingerichtet, bei denen ein persönlicher Austausch möglich war.

Das Projekt hatte eine Laufzeit von drei Jahren und insgesamt waren 95 Teilnehmerinnen und Teilnehmer mit einem Durchschnittsalter von 76

---

110 Vgl. Blusi, M.; Asplund, K.; Jong, M. (2013): Older family carers in rural areas: experiences from using caregiver support services based on Information and Communication Technology (ICT), in: Eur J Ageing (2013) 10:191–199, aufgerufen unter: http://link.springer.com/article/10.1007%2Fs10433-013-0260-1, Zugriff 21.8.2014.

Jahren beteiligt.[111] Alle Teilnehmer hatten vorher keine oder nur sehr wenige Erfahrungen mit Computern. Sie wurden im Rahmen des Projektes in die Anwendung eingewiesen und konnten diese dann auch ohne größere Probleme nutzen. Die hierdurch erworbenen Kompetenzen brachten Ihnen zusätzlich Selbstvertrauen und die Möglichkeit auch andere (z. B. familiäre) Kontakte aufrecht zu halten bzw. wieder zu intensivieren.[112]

Beteiligte Akteure waren hier die Forschungs- und Entwicklungseinheit des Kommunförbundet Västernorrland (FoU Västernorrland), einem Zusammenschluss mehrerer Gemeinden in Västernorrland, die Telia and Mid Sweden University sowie Kommunen und deren Pflegekräfte (Gemeindekrankenschwestern), die die Teilnehmer fachlich-inhaltlich und technisch unterstützten.[113]

Die externe Evaluation des Projektes zeigte, dass ältere Menschen moderne Technik nutzten und sehr gut damit zurechtkamen. Die älteren Pflegekräfte haben Unterstützung durch IuK als sehr nützlich empfunden, da

- der Unterstützungs- und Informationsbedarf inhaltlich und zeitlich genau auf die Person zugeschnitten und von ihr abgerufen werden konnte,
- sie durch die IuK-Unterstützung einen sichereren Umgang in ihrer Rolle und gesteigerte Pflegekraftkompetenzen bekamen,
- sie Unterstützung in ihrer persönlichen Situation erhielten, wodurch viele eine Position in der Gesellschaft zurückgewinnen und ihre Lebensqualität steigern konnten, sodass weniger Einsamkeit und Isolation die Folge waren.

Insgesamt wurde weniger Hilfe von der (Gemeinde-)Krankenschwester benötigt.[114]

---

111 Vgl. Vortrag und Präsentationsfolien Dr. Madeleine Blusi: „Together for better welfare", am 25.6.2014 in Söråker, im Rahmen des internationalen Informations- und Erfahrungsaustausches Västernorrland.
112 Vgl. Blusi, M.; Asplund, K.; Jong, M. (2013): Older family carers in rural areas: experiences from using caregiver support services based on Information and Communication Technology (ICT), in: Eur J Ageing (2013) 10:191–199, aufgerufen unter: http://link.springer.com/article/10.1007%2Fs10433-013-0260-1, Zugriff 21.8.2014.
113 Vgl. ebenda.
114 Vgl. Vortrag und Präsentationsfolien Dr. Madeleine Blusi: „Together for better welfare", am 25.6.2014 in Söråker, im Rahmen des internationalen Informations- und Erfahrungsaustausches Västernorrland.

Erfolgsfaktoren

Digitale Dienstleistungen können einen erheblichen Beitrag zur Verbesserung der Versorgung ländlicher Räume beitragen und gerade auch ältere Menschen und pflegende Angehörige unterstützen. Erfolgsfaktoren zur Umsetzung des Projektes waren:

*   Mut, Informations- und Kommunikationstechnologien für ältere Nutzerinnen und Nutzer einzuführen,
*   Zeitliche und räumliche Flexibilisierung von Diensten durch Informations- und Kommunikationstechnologien
*   Intersektorale Zusammenarbeit,
*   Kooperation unterschiedlicher Akteure,
*   Evaluation des Projektes.

Herausforderungen werden dahingehend bestehen, weitere Dienste für Informations- und Kommunikationstechnologien zu erarbeiten sowie ältere pflegende Menschen zu unterstützen.

Aufgrund der positiven Erfahrungen werden anknüpfend weitere E-Health Lösungen erarbeitet, bspw. nächtliche Betreuung von Pflegebedürftigen über Informations- und Kommunikationstechnologie.[115] Die Möglichkeiten, die sich durch digitale Anwendungen ergeben (können) sind derzeit noch nicht abschließend erforscht und scheitern häufig schon an der These, dass ältere Personen eher wenig Technik affin und geschult sind. Auch wenn die Lösungsansätze, die sich durch die Digitalisierung ergeben können, stark von Fragen wie Datenschutz und Bedienungsfreundlichkeit abhängig sind, hat das Beispiel doch gezeigt, dass Potential besteht.

4.2.4 *Norrlandicus Care Lab zur Verbesserung von medizinischer Versorgung und Altenpflege (Provinz Västernorrland, Schweden)*

Das „Norrlandicus Care Lab" (NCL) liefert einen Beitrag zur Verbesserung der Qualität in der Gesundheitsversorgung und insbesondere in der Altenpflege. Dazu erprobt und evaluiert es Innovationen, sowohl Produkte

---

115 Vgl. Vortrag und Präsentationsfolien Mattias Gillow: „E-Health in Sweden", am 25.6.2014 in Söråker, im Rahmen des internationalen Informations- und Erfahrungsaustausches Västernorrland.

als auch Dienstleistungen und Arbeitsweisen in der Altenpflege.[116] Es untersucht, ob durch die Innovationen eine erhöhte Wertschöpfung möglich ist und ob die Bedürfnisse der Nutzer tatsächlich erfüllt werden. Dabei sollen u. a. die Qualität, die Benutzerfreundlichkeit und die Wahrung der Menschenwürde geprüft werden. Die Innovationen werden in realen Umgebungen, etwa in privaten Wohnungen oder Altenheimen, von älteren Menschen ab 65 Jahren, ihren Verwandten sowie dem Gesundheits- und Pflegepersonal bewertet.[117]

Außerdem sollen weitere Innovationen in der Altenpflege ermöglicht und deren Anzahl gesteigert werden. Neues innovatives Unternehmertum sowie neue Ideen werden dadurch gefördert. Das „Norrlandius Care Lab" ist eine offene Innovationsplattform für alle Akteure, um die Altenpflege durch Innovationen zu verbessern. Es bietet Unternehmen und Organisationen eine Test- und Evaluationsmethode als einen Baustein in deren Entwicklungsprozess für Produkte, Dienstleistungen und Prozesse.

Ein Pilotprojekt testet und entwickelt beispielsweise eine Bettunterlage, die automatisch Alarm gibt, wenn eine Patientin oder ein Patient eingenässt hat. Dies hat mehrere Vorteile, beispielsweise ist es angenehmer für Patienten, wenn es gleich bemerkt wird und für das Pflegepersonal entfällt das Testen mit der Hand.[118]

Akteure in dem Netzwerk „Norrlandius Care Lab" sind

- Gemeinde Sundsvall,
- Krambo Bostads AB, Kramfors (kommunales Wohnungsunternehmen),
- Mittuniversitetet, Standorte in Sundsvall, Östersund, und Härnösand,
- Forschungs- und Entwicklungseinheit des Kommunförbundet Västernorrland (FoU Västernorrland),

---

116 Vgl. Homepage Sundsvall, aufgerufen unter: http://www.sundsvall.se/Kommun-o chpolitik/Projekt-och-sammarbeten/Norrlandicus-Care-Lab/, Zugriff 26.5.2014.
117 Vgl. Scandurra, Isabella; Blusi, Madeleine; Dalin, Rolf: Norrlandicus Care Lab – The Novel Test Method for Aging Society Innovations, aufgerufen unter: http:// norrlandicus.se/wpcontent/uploads/2013/11/NCL_NovelTestMethod_Vital-is_accept20140224.pdf, Zugriff 26.5.2014.
118 Vgl. Vortrag und Präsentationsfolien Beatrice Einarsson: „Norrlandicus Care Lab - An open innovation platform for actors seeking to improve elder care through innovation. An initiative by the department of social services, the mulicipality of Sundsvall, Sweden", am 25.6.2014 in Söråker, im Rahmen des internationalen Informations- und Erfahrungsaustausches Västernorrland.

- Investera Mittsverige ingår (Verwaltungsmanagement und Unternehmensberatung)
- Åkroken Business Incubator.[119]

Das „Norrlandicus Care Lab" ist eine Initiative der Abteilung für soziale Dienste der Gemeinde Sundsvall.[120] Zunächst erfolgte die Suche nach Partnern und Finanzierungsmöglichkeiten. Eine Pilotstudie im Zeitraum vom 1.10.12 bis 5.4.13 wurde von Vinnova und der Provinzialregierung finanziert.[121] Insgesamt beträgt die Laufzeit des Modellversuchs „Norrlandicus Care Lab" drei Jahre, vom 1. Juli 2013 bis zum 30. Juni 2016 und hat einen Umsatz von 2,9 Millionen €. Die Finanzierung wird von der Provinzialregierung Västernorrland und der Schwedischen Innovationsagentur Vinnova getragen.[122]

Erfolgsfaktoren

Die Altenpflege gilt nicht unbedingt als klassisches Tätigkeitsfeld für Innovatoren, aber es werden in diesem Bereich zunehmend innovative Dienstleistungen, Methoden und Produkte benötigt. Das Norrlandicus Care Lab leistet einen Beitrag, die Altenpflege durch Förderung solcher Innovationen zu erneuern. Dabei sollen nicht nur technische Innovationen gefördert werden, sondern auch Dienstleistungen und Kooperationen. Produkte können so für den Markt getestet und die Altenpflege insgesamt verbessert werden. Auch Unternehmertum kann somit gefördert werden. Als Erfolgsfaktoren des Projektes können gezählt werden:

- die Zusammenarbeit in einem interdisziplinär und intersektoral besetzten Netzwerk,
- die Testumgebung, die durch die Netzwerkpartner geschaffen wurde und die einerseits Innovationen fördert und diese im laufenden Entste-

---

119 Vgl. ebenda.
120 Vgl. Homepage Sundsvall, aufgerufen unter: http://www.sundsvall.se/Kommun-o ch-politik/Projekt-och-sammarbeten/Norrlandicus-Care-Lab/, Zugriff 21.8.2014.
121 Vgl. Homepage Vinnova, aufgerufen unter: http://www.vinnova.se/sv/Var-verksa mhet/Gransoverskridande-samverkan/Samverkansprogram/Strategiska-innovatio nsomraden/, Zugriff 19.8.2014.
122 Vgl. Vortrag und Präsentationsfolien Beatrice Einarsson: „Norrlandicus Care Lab - An open innovation platform for actors seeking to improve elder care through innovation. An initiative by the department of social services, the mulicipality of Sundsvall, Sweden", am 25.6.2014 in Söråker, im Rahmen des internationalen Informations- und Erfahrungsaustausches Västernorrland.

hungsprozess noch verbessern kann und andererseits die Möglichkeit bietet die Akzeptanz der Leistungen frühzeitig zu testen.

Herausforderungen bestehen im weiteren Ausbau eines innovationsfreundlichen Umfeldes für Produkte und Dienstleistungen in der Altenpflege.[123]

5 Handlungsempfehlungen für kleine Kleinstädte und Landgemeinden zur Sicherung der Daseinsvorsorge

Mit dem Leitbild der Raumordnung von 2016 „Daseinsvorsorge sichern" ist das Postulat der gleichwertigen Lebensbedingungen trotz aller Kritik in den vergangenen Jahren für die Raumordnung und damit auch für die Akteure der Raumordnung, Raumplanung und Raumentwicklung als Leitvorstellung bestätigt worden. Für die dort verankerten Handlungsansätze zur Anwendung des Zentrale-Orte-Konzeptes, der interkommunalen und intersektoralen Kooperation, der partizipatorischen Entwicklung von Lösungsansätzen, der Notwenigkeit der Flexibilisierung von Standards sowie der gezielten Nutzung des bürgerschaftlichen Engagements, haben sich im Rahmen des internationalen Erfahrungsaustausches im Rahmen des Modellvorhabens der Raumordnung „Aktionsprogramm regionale Daseinsvorsorge" interessante Hinweise ergeben. Zudem haben sich die Handlungsansätze zum Großteil auch als Erfolgsfaktoren der Projekte heraus kristallisiert.

Aus den Erfahrungen und Erkenntnissen, die während des internationalen Erfahrungsaustausches gesammelt werden konnten und insbesondere aus den oben vorgestellten Lösungsansätzen und Projekten, können Empfehlungen für Akteure im Bereich der Daseinsvorsorge abgeleitet werden. Diese können helfen, erfolgreiche Strategien und Projekte in kleinen Kleinstädten und Landgemeinden zu initiieren und zu realisieren.

Dabei geht es an dieser Stelle weniger um eine Sammlung von best practice Beispielen als vielmehr um übertragbare grundsätzliche Herangehensweisen und Prozesselemente auf dem Weg zur Sicherung der Daseinsvorsorge in kleinen Kleinstädten und Landgemeinden. Im Fokus der Überlegungen stehen strategische Herangehensweisen, die sich durch ganzheitliche Betrachtungsweisen sowohl bei der Strategieentwicklung als auch der Umsetzung auszeichnen und entsprechend Akteure aus der Politik, der

---

123 Vgl. ebenda.

Privatwirtschaft, Verbänden, Vereinen und der Bürgerschaft einbeziehen und über sektoral begrenzte Ansätze hinausgehen.

Grundsätzlich soll vorab darauf hingewiesen werden, dass alle Teilnehmer/innen am internationalen Erfahrungsaustausch das ausgeprägte Fürsorge-Denken der schwedischen Kolleginnen und Kollegen sehr beeindruckt hat. Das Selbstverständnis Gemeinden in ländlichen Räumen zu erhalten und auch für wenige Menschen die bestmöglichen Leistungen der Daseinsvorsorge bereitzustellen herrschte in der Partnerregion bei allen Beteiligten vor. Dieses Denken fördert eine positive Sichtweise und stellt grundsätzlich den betroffenen Menschen in den Fokus. Die zentrale Frage dabei lautet: Was brauchen die Menschen vor Ort und wie kann dies geleistet werden? Dieser Grundansatz stellt dabei auch die Bedürfnisse der Menschen vor Ort und ihre Interpretation von Lebensqualität in das Zentrum der Überlegungen. Die Herangehensweise zur Entwicklung von neuen Projekten und Ansätzen zur Sicherung der Daseinsvorsorge findet somit zunächst losgelöst von Vorgaben und festgelegten Rahmenbedingungen statt. Der Denkansatz „wir können bestimmte Standards nicht mehr erfüllen, daher müssen wir auch über Absiedlung nachdenken" war den schwedischen Kolleginnen und Kollegen eher fremd. Die erarbeiteten und vorgestellten schwedischen Strategien weisen somit eine hohe Kreativität, Innovationsrate und Flexibilität der Rahmenbedingungen auf.

5.1 Eine Strategie entwickeln

Zur Sicherung der Daseinsvorsorge sind strategische Überlegungen, wie eine zukunftsfähige Kommunal- und Regionalentwicklung gestaltet werden kann und wie die Daseinsvorsorgeleistungen langfristig erhalten werden können, sehr hilfreich. Mit Hilfe einer gemeinsam entwickelten Strategie, im Sinne eines mittel- bis langfristigen Ziels sowie einer daraus abgeleiteten Kombination von Maßnahmen zur Erreichung dieses bzw. zur Erhöhung der Wahrscheinlichkeit für das Eintreten eines gewünschten Zustandes, können sowohl Akteure als auch einzelne Maßnahmen oder Projekte effektiver gebündelt und in ihrem Wirkungsgefüge beleuchtet werden.

Hierfür ist in einem ersten Schritt eine Analyse der Situation der Daseinsvorsorge vor Ort notwendig. In dieser sollten die einzelnen Bereiche der Daseinsvorsorge in einer Gesamtbetrachtung gebündelt werden. Die Analyse hilft dabei „gefühltes Wissen" (was an Einrichtungen in welcher

Qualität vorhanden ist) in „gesichertes Wissen" zu übertragen. Die Ergebnisse dienen einerseits der Sensibilisierung sowohl der politischen Entscheidungsträger, der Bürger als auch privatwirtschaftlicher Akteure und andererseits als Basis für die Erarbeitung von Visionen oder Szenarien und der Strategie.

Strategien zur Sicherung der Daseinsvorsorge sollen eine integrierte Betrachtung der verschiedenen Daseinsvorsorgeleistungen beinhalten. Sektorale Lösungen reichen bei vielen Themen der Daseinsvorsorge nicht aus, da zahlreiche Wechselwirkungen zwischen den verschiedenen Daseinsvorsorgebereichen bestehen und durch eine integrierte Betrachtungsweise oftmals effizientere Strukturen und tragfähige Projekte entwickelt werden können (Beispiel ÖPNV und Schulstandorte). Gleichzeitig ist eine interkommunale Betrachtung in vielen Daseinsvorsorgebereichen sinnvoll und einzig zielführend, vor allem, aus Sicht einer kleinen Kleinstadt oder Landgemeinde (bspw. hinsichtlich der Planung und Durchführung des ÖPNV, vgl. unter 5.2).

Die entwickelte Strategie kann in einem integrierten Entwicklungskonzept zusammengefasst und somit verbindlich festgehalten werden. Ein integriertes Entwicklungskonzept beinhaltet dabei Projekte, die einzelnen Daseinsvorsorgebereichen zugeordnet sind, sowie übergeordnete Projekte. Auch die „Regionalstrategien Daseinsvorsorge", die im MORO Aktionsprogramm regionale Daseinsvorsorge von den Modellregionen erarbeitet wurden, stellen beispielsweise solch ein integriertes Entwicklungskonzept dar.

Zur Entstehung eines regionalen Entwicklungskonzeptes oder Aktionsplanes gilt es viele Akteure in den Prozess einzubeziehen und zu beteiligen. Dazu gehören beispielsweise die Abstimmung und Zusammenarbeit verschiedener Fachleute und Experten, Verwaltungsebenen und Zuständigkeitsbereichen und nicht zuletzt auch der Bürger. Die einzelnen Maßnahmen und Projekte sollen dabei einen Beitrag zur regionalen Gesamtstrategie leisten.

Je nach Problemdruck in den Kommunen und der gefühlten Betroffenheit der politischen Entscheidungsträger kann es schwierig sein, einen Prozess mit der Entwicklung von mittel- bis langfristigen strategischen Überlegungen und einer großen Runde an Akteuren zu beginnen.

Dabei müssen langfristige strategische Überlegungen nicht zwangsläufig am Beginn stehen. Auch fachbezogene Einzelprojekte, die einem bestimmten Bereich der Daseinsvorsorge zugeordnet werden können, können strategische Überlegungen anstoßen. Zudem kann ausgehend von der

Diskussion eines Daseinsvorsorgebereiches auch eine Diskussion über Strategien und Projekte in anderen Daseinsvorsorgebereichen angeregt und Zusammenhänge dargestellt werden, bis hin zur Erarbeitung integrierter Gesamtstrategien.

Empfehlenswert ist es aber, eine „zuständige Stelle", etwa eine Regionalmanagement- oder „Demografiemanagementstelle" zur initiieren, die den Gesamtüberblick behält und mögliche Synergien, bzw. den strategischen Ansatz im Blick hat.

5.2 Interkommunale Kooperationen initiieren und professionalisieren

Viele Themen der kommunalen Entwicklung im Bereich der Daseinsvorsorge, können kleine Kleinstädte und Landgemeinden nicht alleine lösen. Ehrenamtliche Strukturen der Gemeindevertreter führen zu fachlichen und zeitlichen Engpässen. Auch die knappen Kassen der Kommunen erlauben keine großen Projekte in der Realisierung. Hilfreich kann dann eine fachliche und personelle Unterstützung von benachbarten Kommunen in einer Region, bzw. die Bündelung von Ressourcen mehrere Kommunen zur Bewältigung gemeinsamer Aufgaben sein. Interkommunale Zusammenarbeit und eine Betrachtung eines größeren regionalen Gebietes helfen Strategien und Projekte für eine zukunftsfähige Entwicklung zu entwickeln und zu realisieren. Durch Kooperationen und durch Zusammenlegungen können Infrastrukturen in der Region erhalten, Kosteneinsparungen realisiert, Effizienzsteigerungen und die Entwicklung neuer innovativer Lösungsansätze gefördert werden.

Der Zusammenschluss der Kommunen in Västernorrland zum „Kommunförbundet Västernorrland" hat z.B. zu der Gründung einer eigenen Forschungs- und Entwicklungseinheit geführt, die u. a. neue Angebotsformen der Daseinsvorsorge durch die digitale Infrastruktur untersucht. Das kommunale Engagement geht dort somit weit über die Lösung der klassischen kommunalen Aufgaben hinaus. Das Beispiel Nutzung der digitalen Infrastruktur im Bereich Gesundheit in Västernorrland hat gezeigt, dass

- multifunktionale Projekte durch die Verknüpfung verschiedener Themenfelder entstehen können,
- neuartige, innovative Projekte durch die Untersuchung neuer Themenfelder entstehen können und

- neue Kooperationen verschiedener lokaler und regionaler Akteure sowie interkommunale Kooperationen einen Beitrag zur Entwicklung neuer Projekte leisten.

Eine interkommunale Zusammenarbeit kann zu verschiedenen Zwecken und in verschiedenen Organisationsformen gegründet werden. Oftmals (z.B. auch in Niederösterreich) wird ein „Regionalmanagement" initiiert, als eine Vernetzungs- und Servicestelle für kommunale Vertreter, Akteure und Menschen in der Region. Für ein solches Regionalmanagement bedarf es auch eines freiwilligen Zusammenschlusses mehrerer kleiner Kleinstädte oder Landgemeinden, die gemeinsam bestimmte Themen bearbeiten möchten. Das kann auch die Entwicklung von Strategien, die Erarbeitung von Maßnahmen und Projekten zur Sicherung der Daseinsvorsorge sowie deren Umsetzung sein, die durch ein professionelles Regional- und Projektmanagement zielführend geleistet werden können.

Das Leistungsspektrum des Regionalmanagements sollte dabei umfassen:

- Eine engagierte und effiziente Prozessorganisation und –begleitung bzw. –moderation zur Erarbeitung von interkommunalen Strategien, die die Zusammenarbeit von kommunalen Vertretern der einzelnen beteiligten Kommunen, Bürgern und sonstigen Akteuren der kommunalen Entwicklung erleichtert und managt,
- die Netzwerkpflege,
- das Identifizieren und Umsetzen von Maßnahmen und Schlüsselprojekten, die im Rahmen der Entwicklungsstrategien erarbeitet wurden im Sinnen eines Umsetzungsmanagements,
- die Akquise von Finanz- und Fördermitteln,
- die Einbindung von Einzelprojekten in die Gesamtstrategie sowie deren Weiterentwicklung
- sowie die regelmäßige Evaluation.

Für eine auch langfristig erfolgreiche Entwicklung in kleinen Kleinstädten und Landgemeinden reicht es nicht sich auf den erreichten Projekterfolgen auszuruhen, vielmehr müssen Erfolge verstetigt werden und weitere Erfolge darauf aufgebaut werden. Dazu gehört eine Evaluation der umgesetzten Projekte, um daraus Erkenntnisse für weitere Ansätze und Projekte zu generieren, die stetige (Weiter-) Entwicklung von Projekten, das Beobachten und Nutzen von Fördermitteln, mit denen Projekte entsprechend unterstützt werden können.

5.3 Intersektorale Kooperationsstrukturen

Zur Sicherung der Daseinsvorsorge tragen viele Akteure und Institutionen bei. Die häufig noch vorherrschende rein sektorale Betrachtungsweise und daher auch die sektorale Suche nach Problemlösungsstrategien, greifen oft zu kurz. Durch eine integrierte Betrachtungsweise mehrerer Daseinsvorsorgebereiche und die Verknüpfung verschiedener Themen können innovative, multifunktionale Projekte, mit einem Mehrwert für verschiedene Daseinsvorsorgebereiche, entstehen.

Multifunktionale Projekte sind für vielerlei Themenkombinationen denkbar und ermöglichen neue Perspektiven zur Sicherung der Daseinsvorsorge. Dazu ist die Abstimmung und Zusammenarbeit verschiedener Fachleute und Experten, Verwaltungsebenen und Zuständigkeitsbereiche, privaten und öffentlichen Akteuren von zentraler Bedeutung, die es zu initiieren und organisieren gilt. Dafür muss auch eine Kultur der Offenheit und Transparenz herrschen.

Innovative Ideen und Projekte können einen Beitrag zur Sicherung verschiedener Daseinsvorsorgebereiche leisten. Neue Denkmuster können zu neuen Projekten führen. Das vorne vorgestellte Beispiel der Nationalpark-Gesundheitsregion macht dies deutlich, indem die Themen Tourismus und Gesundheit zusammen gedacht und bearbeitet wurden, um gleichzeitig Verbesserungen der Versorgung der örtlichen Bevölkerung zu realisieren. Auch das schwedische Beispiel zur Unterstützung älterer pflegender Angehöriger macht dies durch den Einsatz von Informations- und Kommunikationstechnologien deutlich.

5.4 Partizipatorische Entwicklung von Lösungsansätzen

Auch für die Erarbeitung von Strategien ist eine Bürgerbeteiligung hilfreich. In Zeiten einer zunehmend schlechten Finanzlage der Kommunen, einer zunehmenden Politikverdrossenheit der Bürger und gleichzeitig einer hohen Beteiligungsbereitschaft bei Betroffenheit ist eine möglichst frühzeitige Einbindung in Prozesse der Regional- und Kommunalentwicklung wichtig, um so die notwendige Akzeptanz und Unterstützung zu bekommen. Durch gezieltes Informieren und Einbinden aller Schlüsselakteure sowie Bürgerinnen und Bürger gleich zu Beginn eines Prozesses oder Projektes erhöht sich deren Verständnis und auch Beteiligungsbereitschaft, bis hin zur Entwicklung ehrenamtlichen Engagements, das in Zeiten knapper öffentlicher Kassen und zunehmendem Sparzwang eine wichtige Stütze in vielen Bereichen der Daseinsvorsorge darstellt. Ebenfalls wird somit eine Sensibilisierung sowie Bewusstseinsbildung für Themen wie demografischer Wandel, kommunale Finanzhaushalte und Sicherung der Daseinsvorsorge erreicht.

Bürgerbeteiligung trägt letztlich auch zu einem Fürsorge-Denken bei, wenn alle Gruppen berücksichtigt und beteiligt werden. Eine breit angelegte und frühzeitige Bürgerbeteiligung hilft

* die Problemlage vor Ort aus Sicht der Betroffenen zu analysieren,
* den Bürgern (und den politischen Entscheidungsträgern) die Pluralität unterschiedlicher Bedürfnisse und Prioritätensetzungen hinsichtlich verschiedener Daseinsvorsorgeeinrichtungen ortsspezifisch zu verdeutlichen,
* neue Standards und Qualitäten in den Daseinsvorsorgebereichen auszuloten,
* die Akzeptanz in der Bevölkerung für Maßnahmen und Projekte zur Sicherung der Daseinsvorsorge zu erhöhen,
* ggf. das ehrenamtliche Engagement zu fördern und zu lenken.

Die Beteiligung kann unterschiedliche Stufen (Information, Mitwirkung, Mitentscheidung und Selbstverantwortung) aufweisen, je nach dem Grad der Mitbestimmung. Zu Beginn eines Projektes ist es wichtig zu entscheiden, wie Bürger eingebunden werden können, was wiederum von regionalen Bedingungen abhängig ist. Bspw. hat sich im Modellvorhaben der Raumordnung „Aktionsprogramm regionale Daseinsvorsorge" bewährt, Bürger einzubinden, „wenn erste (konzeptionelle) Ergebnisse vorliegen, wenn Entscheidungsalternativen zu bewerten sind oder das lokale Engagement erforderlich ist" [124]. Wichtig waren hier jedoch durchweg von Beginn an regelmäßige Informationen bereitzustellen, bspw. über Öffentlichkeitsarbeit, Veranstaltungen usw. [125]

---

124 Bundesministerium für Verkehr und digitale Infrastruktur (BMVI) (2015): Aktionsprogramm regionale Daseinsvorsorge. Projektassistenz Umsetzungsphase. BMVI-Online-Publikation, Nr. 04/2015, aufgerufen unter: http://www.bbsr.bund. de/BBSR/DE/Veroeffentlichungen/BMVI/BMVIOnline/2015/DL_BMVI_Online _04_15.pdf?__blob=publicationFile&v=5, Zugriff 30.1.2017.
125 Vgl. ebenda.

5.5 Von Bedürfnissen ausgehen nicht von Standards

Die vorgestellten Projekte aus dem europäischen Ausland haben gezeigt, dass eine Betrachtung der lokalen Gegebenheiten und darauf aufbauend die Entwicklung von Projekten, die vorgegebene Standards und Rahmenbedingungen nicht berücksichtigten, einen qualitativ wertvollen Beitrag zur Sicherung der Daseinsvorsorge leisten können. Die zentrale Frage lautet: Was wird vor Ort benötigt und ist den Bürgern wichtig? Die Flexibilisierung von Standards sowie die Zulassung von flexiblen quantitativen und qualitativen Niveaus ermöglichen innovative und an die lokalen Gegebenheiten angepasste Projekte zur Sicherung der Daseinsvorsorge. Es lohnt sich, für Modellprojekte die vorgegebenen Standards und Rahmenbedingungen aufzulösen und durch flexible Strukturen zu ersetzen, um so einen größeren Gestaltungsspielraum zu ermöglichen.

Einerseits gilt es daher für kleine Kleinstädte und Landgemeinden wie oben bereits ausgeführt interkommunale Kooperationen in diesem Sinne zu nutzen und andererseits auch bei verantwortlichen Stellen dafür einzutreten, Modell- oder Pilotprojekte auch jenseits von Standards zuzulassen bzw. sich an Modell- und Pilotvorhaben zu beteiligen.

5.6 Schlüsselpersonen einbinden und ehrenamtliches Engagement fördern und honorieren

Hinter erfolgreichen Projekten stehen oft Einzelpersönlichkeiten sowohl aus dem politischen als auch dem privatwirtschaftlichen Umfeld einer kleinen Kleinstadt oder Landgemeinde, die sich für das Projekt einsetzen, Verantwortung übernehmen, weitere Akteure aktivieren und motivieren können und vorweg gehen. Dazu gehört der Mut, neue Wege zu gehen sowie neue Möglichkeiten auszuloten und auszuprobieren.

Solche „Schlüsselpersonen", oder „Projekt-Treiber" kümmern sich darum, dass eine Idee nicht fallen gelassen wird, sondern weiter entwickelt und bis zur Umsetzung bearbeitet wird. Sie setzen sich für das Projekt oder den Prozess ein und fühlen sich für den erfolgreichen Verlauf und die Umsetzung verantwortlich. Sie können Menschen zur Mitarbeit gewinnen, aktivieren und motivieren. Für die erfolgreiche Umsetzung von Projekten zur Sicherung der Daseinsvorsorge ist es von Vorteil, wenn Schlüsselpersonen mit dem Willen etwas zu bewegen und zu verändern hinter dem Projekt stehen und deren Umsetzung fördern.

Persönlichkeiten können auch für ein ganz bestimmtes Thema stehen, durch das sie immer wieder Projekte initiieren und das sie in Projekte einbringen.

Von Seiten politischer Entscheidungsträger und Verantwortlicher gilt es

• solche Persönlichkeiten zu identifizieren und unterstützen: Engagierte und motivierte Einzelpersonen, die motiviert sind die Zukunft von kleinen Kleinstädten und Landgemeinden mit zu gestalten, gilt es entsprechend zu erkennen und ihr Engagement zu fördern.

• Gestaltungsrahmen und –möglichkeiten zu schaffen: Um das Potenzial engagierter Einzelpersonen zu nutzen und weiter zu fördern, müssen Strukturen geschaffen werden, die es diesen Personen ermöglicht sich einzubringen und (kreativ) tätig zu werden.

Ebenso ist es für erfolgreiche Projekte hilfreich, wenn möglichst früh viele Akteure eingebunden und informiert werden. Durch die Einbindung vieler Akteure und Partner werden Projekte auf eine breitere Basis gestellt und somit die Akzeptanz in der Bevölkerung erhöht. Außerdem gilt es junge und ältere Menschen durch Motivation und Verdeutlichung der Nützlichkeit zu ehrenamtlichen Tätigkeiten zu motivieren.

Zukünftig liegt gerade bei „Jungen Alten", also Menschen zu Beginn ihrer Rentenzeit, ein großes Potenzial. Die Attraktivität zur Mitarbeit erhöht sich, wenn die positiven Effekte deutlich werden und der zeitliche Aufwand überschaubar und begrenzt ist. Die Würdigung des Ehrenamtes ist selbstverständlich. Gemeinderatsmitglieder können einen entsprechenden Beitrag leisten, indem sie sich weiter für die Gemeinde einsetzen und mit gutem Beispiel vorangehen. Auch der Zusammenschluss in gemeinnützigen Vereinen kann Mitglieder anziehen und das Engagement erhöhen.

Ehrenamtliches Engagement ist gerade in Zeiten knapper öffentlicher Kassen bedeutend zur Sicherung bestimmter Daseinsvorsorgebereiche in kleinen Kleinstädten und Landgemeinden. Dabei müssen die Beteiligten einen Mehrwert in ihrem Engagement sehen und Freude an der Tätigkeit haben. Ehrenamtliches Engagement gilt es gezielt zu fördern, indem

• klare Aufgabenstrukturen vorherrschen,

• soziale Kontakte entstehen bzw. vertieft werden können,

• der Nutzen klar erkennbar ist, eventuell sogar ein eigener Mehrwert entsteht,

• die Unterstützung und Wertschätzung durch Verwaltung oder weitere Institutionen vorhanden ist.

5.7 Die Wirkungen des Marketing nicht unterschätzen

Ein professionelles Marketing kann die Entwicklung einer kleinen Kleinstadt oder Landgemeinde maßgeblich unterstützen. Durch ein gezieltes Marketing kann ein positives Image sowohl außerhalb als auch innerhalb der Kleinstädte und Landgemeinden aufgebaut werden und insbesondere innerhalb der Region identitätsstiftend wirken. Dadurch können im besten Fall Bürgerinnen und Bürger zum Bleiben animiert und weitere Einwohner gewonnen werden, um Einrichtungen der Daseinsvorsorge langfristig erhalten zu können.

Marketing und Öffentlichkeitsarbeit sollten auch für Strategien und Projekte zur Sicherung der Daseinsvorsorge professionell betrieben werden. Von Beginn an sind Schlüsselakteure sowie Bürgerinnen und Bürger zu informieren. Erfolge zu kommunizieren ist wichtig für den gesamten Projekt- oder Prozessverlauf. Auch die einzelnen Projektabschlüsse sollten entsprechend in Szene gesetzt werden. Zum einen kann dadurch für Themen sensibilisiert werden, zum anderen weitere Unterstützerinnen und Unterstützer gefunden werden.

Um „Werbung in eigener Sache" zu machen, ein positives Standing zu erreichen und die Öffentlichkeit zu informieren, können folgende Maßnahmen ergriffen werden:

• Regionale Botschafter einsetzen, die sich für ein positives Image einsetzen,
• Artikel und Beiträge in Gemeindeblättern, Zeitungen und auf Homepages,
• Rundschreiben und Newsletter
• Veranstaltungen, z. B. Informations- oder Kick-off-Veranstaltungen,
• Flyer und Plakate.

5.8 Öffentliche Förderprogramme nutzen

Die personelle und finanzielle Ausstattung von kleinen Kleinstädten und Landgemeinden erlaubt es oft nicht, neben den Pflichtaufgaben weitere Aufgabenbereiche anzugehen. Dennoch lassen sich Modellvorhaben, wie z.B. das Modellvorhaben der Raumordnung „Aktionsprogramm regionale Daseinsvorsorge" gut nutzen, um neue Allianzen zu knüpfen, Denkanregungen zu bekommen und nicht zuletzt auch finanzielle Förderung sowohl für fachliche Analysen und Expertisen als auch für Projektumsetzungen zu gewinnen. Die offensive Nutzung solcher Förderprogramme kann gerade auch für kleine Kleinstädte und Landgemeinden gewinnbringend sein.

Ebenso verhält es sich mit Förderprogrammen, die aus den verschiedenen strukturpolitischen Fonds der Europäischen Union (z.b. dem Europäische Fonds für Regionale Entwicklung (EFRE), dem Europäische Sozialfonds (ESF), dem Europäische Landwirtschaftsfonds zur Entwicklung des Ländlichen Raums (ELER)) finanziert werden.

Durch die Nutzung dieser öffentlichen Förderprogramme ergeben sich zahlreiche Vorteile für Kommunen. Sie leisten einen finanziellen Beitrag zur Projektrealisierung, wodurch verschiedene Bereiche der Daseinsvorsorge unterstützt werden können. Ein weiterer Vorteil ist die Unterstützung von Kooperationsmöglichkeiten mit anderen europäischen Kommunen. Beispielsweise fördert die Europäische Union mit dem Ziel „Europäische Territoriale Zusammenarbeit" INTERREG Projekte und somit bspw. auch grenzüberschreitende, transnationale oder interregionale Kooperationen im Bereich Mobilität oder Gesundheitsfürsorge. INTERREG A fördert grenzübergreifende Projekte, INTERREG B fördert die Zusammenarbeit europäischer Partner in festgelegten Kooperationsräumen und INTERREG C fördert den Erfahrungs- und Informationsaustausch zwischen allen Regionen der EU. Die Zusammenarbeit internationaler Partner, mit ähnlichen Problemlagen ist für alle Seiten von Vorteil.

Auch die positive Außenwirkung solcher EU-geförderten Projekte sollte nicht unterschätzt werden. Die zum Teil komplexen Antragsstrukturen und Berichtwesen sollten nicht abschreckend wirken. Ein Aufbau von Erfahrungen trägt zur erfolgreichen Fördermittelakquise bei und kann langfristig zahlreiche Projekte unterstützen. Zudem kann auf institutionelle Unterstützung zurückgegriffen werden und im Falle von INTERREG mit Partnern zusammengearbeitet werden, die schon Erfahrung mit Förderprogrammen haben.

6 Ausblick und weitere Untersuchungsfelder

Die Sicherung der Daseinsvorsorge ist zum Erhalt gleichwertiger Lebens- und Arbeitsbedingungen und damit für eine hohe attraktive Lebensqualität in Städten und Regionen unerlässlich, gerade auch in kleinen Kleinstädten und Landgemeinden in ländlichen Räumen. Vor dem Hintergrund des demografischen und soziokulturellen Wandels kommt es vor allem in peripheren ländlichen Regionen zum Rückgang und zur Alterung der Bevölkerung. Abgesehen von Fragen der (ökonomischen) Tragfähigkeit erfordert insbesondere die Alterung der Bevölkerung neue qualitative Formen der Daseinsvorsorge, wobei hier besonders die gesundheitliche und medizinische Versorgung sowie die Mobilität tangiert sind. Handlungsempfehlungen für kleine Kleinstädte und Landgemeinden in ländlichen Räumen konnten im Modellvorhaben der Raumordnung „Aktionsprogramm regionale Daseinsvorsorge" erprobt und in europäischen Beispielen kennengelernt werden. Dies kann für weitere Kommunen als Ansatzpunkt zur Sicherung ihrer Daseinsvorsorge gelten. Weiterhin müssen jedoch weitere Trends in Modellvorhaben, wissenschaftlichen Untersuchungen und in der Praxis erprobt werden.

Zwei Trends sind in der Fachdiskussion um künftige Ansätze zur Sicherung der Daseinsvorsorge in kleinen Kleinstädten und Landgemeinden derzeit besonders im Fokus: zum einen die Möglichkeiten, die sich durch die Digitalisierung und den Ausbau der entsprechenden Infrastrukturen auch im ländlichen Raum bieten und zum anderen das Potential, das sich durch die Integration von Flüchtlingen in die Gesellschaften von Kleinstädten und Landgemeinden ergeben könnte.

Um in ländlichen Räumen vorhandene Potentiale zu nutzen, neue zu erschließen sowie kreative Lösungen zu entwickeln, bietet die Digitalisierung von Dienstleistungen ggf. neue innovative Ansätze. Dabei ist die Voraussetzung für die Nutzung von Informations- und Kommunikationstechnologien zur Sicherung der Daseinsvorsorge in ländlichen Räumen einerseits die Versorgung mit hohen Bandbreiten der technischen Infrastruktur. Andererseits gilt es insbesondere innovative Projekte, die durch Digitalisierung von Leistungen oder Teilleistungen die Daseinsvorsorge in kleinen Kleinstädten und Landgemeinden sichern wollen, in enger Kooperation mit den betroffenen Bürgerinnen und Bürgern zu erarbeiten, um die Akzeptanz und die Nutzung dieser Angebote sicher zu stellen.

Derzeit läuft ein Modellvorhaben der Raumordnung „Digitale Infrastruktur als regionaler Entwicklungsfaktor – MOROdigital", in dem es zuerst einmal um verschiedene Möglichkeiten auch für kleine Kleinstädte und Landgemeinden im ländlichen Raum geht, den notwendigen Breitbandausbau zu realisieren. Darauf aufbauend oder parallel laufend könnten sicher digitale Lösungsansätze zur Sicherung der Daseinsvorsorge entwickelt und getestet werden. Erste Ansätze liefern verschiedene Projekte, die derzeit auf Tagungen präsentiert und diskutiert werden.[126]

Die internationale Migration ist nicht nur aufgrund der integrations- und gesellschaftspolitischen Herausforderungen ein aktuelles Thema, sondern spielt vor dem Hintergrund des demografischen Wandels eine zunehmende Rolle.[127] So ist „bereits seit 1992 (...) die Zuwanderung die wichtigste Quelle des Bevölkerungswachstums in der Europäischen Union"[128] und „im europäischen Vergleich sind die Alterung und die drohende Schrumpfung bzw. die Abhängigkeit des Bevölkerungswachstums von der Zuwanderung für Deutschland besonders ausgeprägt."[129] Hierbei stellt sich die Frage, in welchem Ausmaß und in welcher Weise die Zuwanderungsströme nach Europa die Verluste der natürlichen Bevölkerungsentwicklung reduzieren können. Zumindest haben die „positive(n) Wanderungssalden (...) für die stark alternde Gesellschaft Deutschlands den positiven Effekt einer Verjüngung."[130]

Die etwa 15,7 Millionen Menschen mit Migrationshintergrund in Deutschland sind räumlich sehr unterschiedlich verteilt. „So leben rund 96 Prozent der Bevölkerung mit Migrationshintergrund in den westlichen Bundesländern und in Berlin. Nach Raumtypen differenziert liegt der Anteil der Personen mit Migrationshintergrund in Agglomerationsräumen bei

---

126 Vgl. z.B. Homepage Technische Universität Kaiserslautern, aufgerufen unter: http://www.uni-kl.de/rur/fileadmin/Medien/Tagungen/Fachtagung2015/10__15_ 11_09_Daseinsvorsorge_Smart_Rural_Areas.pdf, Zugriff 30.1.2017. Oder Homepage Thünen Institut, aufgerufen unter: https://www.thuenen.de/de/in fothek/veranstaltungen/details/news/detail/News/fachforum-smart-rural-regions-herausforderungen-chancen-hemmnisse/, Zugriff 30.1.2017.

127 Vgl. Nienaber, Birte; Roos, Ursula (Hrsg.) (2015): Internationalisierung der Gesellschaft und die Auswirkungen auf die Raumentwicklung. Beispiele aus Hessen, Rheinland-Pfalz und dem Saarland. Arbeitsberichte der ARL 13, Hannover, S. 2.

128 Lavenex, Sandra: Europäische Union (2009); in: Hamburgisches WeltWirtschaftsInstitut (HWWI) (Hrsg.): focus Migration - Länderprofil Europäische Union, Nr. 17, S. 2.

129 Swiaczny, Frank: Demografischer Wandel und Migration in Europa (2013); in: Hamburgisches WeltWirtschaftsInstitut (HWWI), Bundeszentrale für politische Bildung (bpb) (Hrsg.): focus Migration - Kurzdossier, Nr. 24, S. 4.

130 Körner-Blätgen, Nadine; Sturm, Gabriele: Internationale Migration in deutsche Großstädte; in: Bundesinstitut für Bau-, Stadt- und Raumforschung (BBSR) im Bundesamt für Bauwesen und Raumordnung (BBR) (Hrsg.): Informationen aus der vergleichenden Stadtbeobachtung, BBSR-Analysen Kompakt 11,2015, S. 22.

rund 23% (…), während er in ländlichen Räumen rund 11% beträgt."[131] Internationale Zuwanderung findet hauptsächlich in größere Städte und die westlichen Bundesländer statt, so dass dort die Bevölkerung immer stärker multikulturell geprägt ist. Kleine Kleinstädte und Landgemeinden sowie die östlichen Bundesländer profitieren derzeit von den Zuwanderungen unterproportional.[132]

Mit der gestiegenen Zahl internationaler Migranten, die einer Erstaufnahmeeinrichtung im ländlichen Raum zugeteilt werden, ergibt sich für den ländlichen Raum die ganz neue Situation, dass er ggf. stärker als bisher an der Zuwanderung partizipieren kann.

Aufgrund der räumlichen Verteilung der internationalen Zuwanderer in die Verdichtungsräume und ihr direktes Einzugsgebiet, ist es nicht verwunderlich, dass auch die Forschung beim Thema internationale Migration einen Fokus auf die „Großstädte als Drehkreuze globaler Migrationsströme"[133] legt. Publikationen, die sich mit Studien im Rahmen der Problematik der internationalen Zuwanderung aus überörtlicher Sicht sowie aus Sicht von kleinen Kleinstädten und Landgemeinden im ländlichen Raum beschäftigen, fehlen dagegen weitestgehend.

Derzeit kann festgehalten werden, dass in der Wissenschaft als auch in der Praxis die Fragestellung nach den Chancen, die die Migration in Form der Flüchtlingszuwanderung für den ländlichen Raum mit sich bringt, wie auch die Chancen des ländlichen Raumes für die Zuwanderer, nach dem aktuellen Forschungsstand bislang unzureichend behandelt ist.

---

131 Schader Stiftung (Hrsg.) (2012): Zuwanderer im ländlichen Raum – Besonderheiten und Erfolgsfaktoren kommunaler Integrationspolitik, Artikel vom 2.8.2012, aufgerufen unter: http://www.schader-stiftung.de/themen/kommunikation-und-kultur/fokus/zuwanderung-im-laendlichen-raum/artikel/zuwanderer-im-laendlichen-raum-besonderheiten-und-erfolgsfaktoren-kommunaler-integrationspolitik/, Zugriff 6.1.2017.
132 Vgl. Homepage Statistisches Bundesamt (DESTATIS): Datenreport 2016: Kapitel Soziale Lagen, aufgerufen unter: https://www.destatis.de/DE/Publikationen/Datenreport/Downloads/Datenreport2016Kap7.pdf?__blob=publicationFile, Zugriff 30.1.2017.
133 Nadler, Robert; Kriszan, Michael; Nienaber, Birte; Frys, Wioletta (2010): Zuwanderung internationaler Migranten in schrumpfende ländliche Regionen – die Fallbeispiele Ostsachsen und Saarland, in: Leibniz-Institut für Länderkunde e.V. (Hrsg.) (2012): Europa regional, Heft Nr. 18, S. 107.

Literaturverzeichnis

Bericht des Bundesrates «Grundversorgung in der Infrastruktur (Service public)», aufgerufen unter: http://www.admin.ch/opc/de/federal-gazette/2004/4569.pdf, Zugriff 26.8.2013.

Bertelsmann Stiftung, aufgerufen unter: http://www.wegweiser-kommune.de/projekte, Zugriff 30.1.2017.

Blusi, M.; Asplund, K.; Jong, M. (2013): Older family carers in rural areas: experiences from using caregiver support services based on Information and Communication Technology (ICT), in: Eur J Ageing (2013) 10:191–199, aufgerufen unter: http://link.springer.com/article/10.1007%2Fs10433-013-0260-1, Zugriff 21.8.2014.

Bundesamt für Gesundheit (Hrsg.) (2005): Das schweizerische Gesundheitswesen. Aufbau, Leistungserbringer, Krankenversicherungsgesetz.

Bundesministerium für Verkehr, Bau und Stadtentwicklung (BMVBS) (Hrsg.) (2010): Sicherung der Daseinsvorsorge und Zentrale-Orte-Konzepte – gesellschaftspolitische Ziele und räumliche Organisation in der Diskussion, BMVBS Online-Publikation 12/2010, aufgerufen unter: http://www.bbsr.bund.de/BBSR/DE/Veroeffentlich ungen/BMVBS/Online/2010/DL_ON122010.pdf?__blob=publicationFile&v=2, Zugriff 13.7.2016.

Bundesministerium für Verkehr, Bau und Stadtentwicklung (BMVBS) (Hrsg.) (2011): Regionalstrategie Daseinsvorsorge – Denkanstöße für die Praxis; Berlin.

Bundesministerium für Verkehr, Bau und Stadtentwicklung (Hrsg.) (2013): Daseinsvorsorge im europäischen Vergleich – Problemwahrnehmung, Lösungsstrategien, Maßnahmen. BMVBS-Online-Publikation, Nr. 04/2013, aufgerufen unter: http://ww w.nexusinstitut.de/images/stories/content-pdf/bbsr_bericht_vorstudie.pdf, Zugriff 22.6.2013.

Bundesministerium für Verkehr und digitale Infrastuktur (BMVI) (Hrsg.) (2015): Aktionsprogramm regionale Daseinsvorsorge. Projektassistenz Umsetzungsphase. BM-VI-Online-Publikation, Nr. 04/2015, aufgerufen unter: http://www.bbsr.bund.de/BB SR/DE/Veroeffentlichungen/BMVI/BMVIOnline/2015/DL_BMVI_Online_04_15. pdf?__blob=publicationFile&v=5, Zugriff 6.1.2016.

Bundesministerium für Verkehr und digitale Infrastruktur (BMVI) (2015): Daseinsvorsorge in ländlichen Regionen Schwedens, Norditaliens, Österreichs und der Schweiz. Ergebnisbericht, BMVI-Online-Publikation, Nr. 02/2015, aufgerufen unter: http://www.bbsr.bund.de/BBSR/DE/Veroeffentlichungen/BMVI/BMVIOnline/ 2015/DL_BMVI_Online_02_15.pdf?__blob=publicationFile&v=2, Zugriff 12.12.2016.

Bundesministerium für Verkehr und digitale Infrastruktur (BMVI) (Hrsg.) (2016): Aktionsprogramm regionale Daseinsvorsorge. Abschlussbericht Projektassistenz. BM-VI-Online-Publikation Nr. 03/2016, aufgerufen unter: http://www.bbsr.bund.de/BB SR/DE/Veroeffentlichungen/BMVI/BMVIOnline/2016/bmvi-online-03-16-dl.pd f ;jsessionid=85D6E8C4C7098A574C378C16045580AA.live21304?__blob=publicationFile&v=3, Zugriff 22.1.2017.

Einig, Klaus (2008): Regulierung der Daseinsvorsorge als Aufgabe der Raumordnung im Gewährleistungsstaat, in: Bundesinstitut für Bau-, Stadt- und Raumforschung (BBSR) (Hrsg.): Infrastruktur und Daseinsvorsorge in der Fläche, Informationen zur Raumentwicklung, Heft 1/2.2008, Bonn, aufgerufen unter: http://www.bbsr.bun d.de/BBSR/DE/Veroeffentlichungen/IzR/2008/1_2/Inhalt/DL_einig.pdf?__blob=pu blicationFile&v=2, Zugriff 29.10.2016.

Favry, Eva; Hiess, Helmut (2008): Infrastrukturen der Daseinsvorsorge in Österreichs ländlichen Gebieten, in: Informationen zur Raumentwicklung Heft 1/2.2008.

Frey, René (2008): Service public in der Schweiz: Reform der Grundversorgung in der Fläche, aufgerufen unter: http://www.crema-research.ch/bawp/2008-03.pdf, Zugriff 26.8.2013.

Henkel, Gerhard (2004): Der Ländliche Raum. Gegenwart und Wandlungsprozesse seit dem 19. Jahrhundert in Deutschland. 4. Auflage. Stuttgart.

Homepage Amt der niederösterreichischen Landesregierung, aufgerufen unter: http://w ww.noe.gv.at/Verkehr-Technik/Oeffentlicher-Verkehr/Kleinraeumige-Mobilitaetsa ngebote-/AST.html, Zugriff 22.1.2014.

Homepage Amt der niederösterreichischen Landesregierung, aufgerufen unter: http://w ww.noe.gv.at/Verkehr-Technik/Oeffentlicher-Verkehr/Kleinraeumige-Mobilitaetsa ngebote-/Gemeindebusse.html; Zugriff 22.1.2014.

Homepage AOK Bundesverband, aufgerufen unter: http://www.aok-bv.de/politik/euro pa/index_01403.html, Zugriff 23.8.2013.

Homepage Bundesinstitut für Bau-, Stadt- und Raumforschung (BBSR): Download Stadt- und Gemeindetyp, aufgerufen unter: http://www.bbsr.bund.de/BBSR/DE/Ra umbeobachtung/Raumabgrenzungen/StadtGemeindetyp/Downloadangebote.html?n n=443182, Zugriff 15.12.2016.

Homepage Bundesinstitut für Bau-, Stadt- und Raumforschung (BBSR): Stadt- und Gemeindetypen in Deutschland, aufgerufen unter: http://www.bbsr.bund.de/BBSR/ DE/Raumbeobachtung/Raumabgrenzungen/StadtGemeindetyp/StadtGemeindetyp_ node.html, Zugriff 12.12.2016.

Homepage Bundesinstitut für Bau-, Stadt- und Raumforschung (BBSR): Download Siedlungsstrukturelle Kreistypen, aufgerufen unter: http://www.bbsr.bund.de/BBSR /DE/Raumbeobachtung/Raumabgrenzungen/Kreistypen4/Downloadangebote.html? nn=443222, Zugriff 25.1.2017.

Homepage Bundesinstitut für Bau-, Stadt- und Raumforschung (BBSR): Siedlungs-strukturelle Kreistypen, aufgerufen unter: http://www.bbsr.bund.de/BBSR/DE/Rau mbeobachtung/Raumabgrenzungen/Kreistypen4/kreistypen.html?nn=443270, Zugriff 25.1.2017.

Homepage Bundesinstitut für Bau-, Stadt- und Raumforschung (BBSR): Raumord-nungsprognose 2030, aufgerufen unter: http://www.bbsr.bund.de/BBSR/DE/Raumb eobachtung/UeberRaumbeobachtung/Komponenten/Raumordnungsprognose/Down load_ROP2030/DL_uebersicht.html, Zugriff 25.1.2017.

Homepage Bundesinstitut für Bau-, Stadt-, und Raumforschung (BBSR): Landgemein-den altern rasch, aufgerufen unter: http://www.bbsr.bund.de/BBSR/DE/Stadtentwic klung/StadtentwicklungDeutschland/Tendenzen/Projekte/alterung_staedte/01_Start. html?nn=442182, Zugriff 25.1.2017.

Homepage Bundesinstitut für Bau-, Stadt- und Raumforschung (BBSR) (Hrsg.) (2011): Lebensqualität in kleinen Städten und Landgemeinden – Aktuelle Befunde der BBSR-Umfrage, BBSR-Berichte KOMPAKT 05/2011, aufgerufen unter: http://www.bbsr.bund.de/BBSR/DE/Veroeffentlichungen/BerichteKompakt/2011/DL_5_2011.pdf?__blob=publicationFile&v=2, Zugriff 12.12.2016.

Homepage Bundesinstitut für Bau-, Stadt-, und Raumforschung (BBSR): Demografischer Wandel und Raumentwicklung, aufgerufen unter: http://www.bbsr.bund.de/BBSR/DE/Raumentwicklung/RaumentwicklungDeutschland/Projekte/Archiv/DemogrWandel/DemogrWandel.html?nn=411742, Zugriff 4.12.2016.

Homepage Bundesministerium für Verkehr und digitale Infrastruktur (BMVI): Neue Leitbilder und Handlungsstrategien für die Raumentwicklung in Deutschland, aufgerufen unter: http://www.bmvi.de/SharedDocs/DE/Artikel/G/Raumentwicklung/raumentwicklung-leitbilder.html, Zugriff 4.12.2016.

Homepage Bundesministerium für Verkehr und digitale Infrastruktur: Leitbilder und Handlungsstrategien für die Raumentwicklung in Deutschland, aufgerufen unter: http://www.bmvi.de/SharedDocs/DE/Anlage/Raumentwicklung/leitbilder-und-handlungsstrategien-2016.pdf?__blob=publicationFile, Zugriff 14.10.2016.

Homepage Bundesinstitut für Bau-, Stadt-, und Raumforschung (BBSR): Aktionsprogramm Modellvorhaben der Raumordnung, aufgerufen unter: http://www.bbsr.bund.de/BBSR/DE/FP/MORO/Programm/programm_node.html, Zugriff 30.1.2017.

Homepage Bundesinstitut für Bau-, Stadt-, und Raumforschung (BBSR): Anpassungsstrategien für ländliche/periphere Regionen mit starkem Bevölkerungsrückgang in den neuen Ländern, aufgerufen unter: http://www.bbsr.bund.de/BBSR/DE/FP/MORO/Forschungsfelder/2004undFrueher/AnpassungsstrategienPeriphereRegionen/01_Start.html?nn=432760, Zugriff 30.1.2017.

Homepage Bundesinstitut für Bau-, Stadt-, und Raumforschung (BBSR): Masterplan Daseinsvorsorge – Regionale Anpassungsstrategien, aufgerufen unter: http://www.bbsr.bund.de/BBSR/DE/FP/MORO/Forschungsfelder/2008/MasterplanDasein/01_Start.html?nn=431954, Zugriff 30.1.2017.

Homepage Bundeszentrale für politische Bildung, aufgerufen unter: http://www.bpb.de/politik/innenpolitik/gesundheitspolitik/72915/s-versorgungsstrukturen, Zugriff 3.9.2013.

Homepage Bus alpin, aufgerufen unter: http://www.busalpin.ch/de/organisation.html, Zugriff 20.2.2014.

Homepage Bus alpin, aufgerufen unter: http://www.busalpin.ch/de/kurzvorstellung.html, Zugriff 14.2.2014.

Homepage Marktgemeinde Ernstbrunn, aufgerufen unter: http://ernstbrunn.riskommunal.net/system/web/sonderseite.aspx?menuonr=222529618&detailonr=222529618, Zugriff 18.2.2014.

Homepage Gemeinde Gerersdorf, aufgerufen unter: http://www.gerersdorf.gv.at/system/web/sonderseite.aspx?menuonr=224318311&detailonr=224318311, Zugriff 18.2.2014.

Homepage Gesundheitszentrum Unterengadin, aufgerufen unter: http://www.cseb.ch/download/Cseb-de_filebase/AttachmentDocument/Allegra-Nationalparkregion.pdf, Zugriff 20.2.2014.

Homepage Gesundheitszentrum Unterengadin, aufgerufen unter: http://www.cseb.ch/C seb-de/Home, Zugriff 10.2.2013.

Homepage N-mobil, aufgerufen unter: http://www.n-mobil.at/, Zugriff 3.2.2014.

Homepage Österreichischer Städtebund, aufgerufen unter: http://www.staedtebund.gv. at/oegz/oegz-beitraege/jahresarchiv/details/artikel/koenig-kundeoder-oeffentlicher-nah-und-regionalverkehr-in-der-schweiz.html?tx_felogin_pi1[forgot]=1, Zugriff 2.9.2013.

Homepage Regiosuisse, aufgerufen unter: http://www.regiosuisse.ch/docs/news/doku mente-2013/wirkungsmessung/nationalparkregion-2013-esundheitsregion.pdf/at_do wnload/file, Zugriff 20.2.2014.

Homepage Statistisches Bundesamt (DESTATIS): Datenreport 2016: Kapitel Soziale Lagen, aufgerufen unter: https://www.destatis.de/DE/Publikationen/Datenreport/Do wnloads/Datenreport2016Kap7.pdf?__blob=publicationFile, Zugriff 30.1.2017.

Homepage Sundsvall, aufgerufen unter: http://www.sundsvall.se/Kommun-ochpolitik/ Projekt-och-sammarbeten/Norrlandicus-Care-Lab/, Zugriff 26.5.2014.

Homepage Technische Universität Kaiserslautern, aufgerufen unter: http://www.uni-kl. de/rur/fileadmin/Medien/Tagungen/Fachtagung2015/10__15_11_09_Daseinsvorsor ge_Smart_Rural_Areas.pdf, Zugriff 30.1.2017.

Homepage Thünen Institut, aufgerufen unter: https://www.thuenen.de/de/infothek/vera nstaltungen/details/news/detail/News/fachforum-smart-rural-regions-herausforderu ngen-chancen-hemmnisse/, Zugriff 30.1.2017.

Homepage Verkehrsverbund Ost-Region, aufgerufen unter: http://www.vor.at/der-vor/ ueber-den-vor/, Zugriff 11.2.2014.

Homepage Vinnova, aufgerufen unter: http://www.vinnova.se/sv/Var-verksamhet/Gran soverskridande-samverkan/Samverkansprogram/Strategiska-innovationsomraden/, Zugriff 19.8.2014.

Huemer, Ulrike: Die Daseinsvorsorge der Gemeinden unter Liberalisierungsdruck. In: juridikum 2005. S. 160. Zitiert in: Pürgy, Erich (2009): Dienstleistungen von allge-meinem Interesse in Österreich, in: Krautscheid, A. (Hrsg.): Die Daseinsvorsorge im Spannungsfeld von europäischem Wettbewerb und Gemeinwohl. Eine sektorspe-zifische Betrachtung, Wiesbaden, S. 399.

Jungermann, Franziska (2010): Schwedens Politik zur Gewährleistung der Daseinsvor-sorge am Beispiel Jämtlands, in: Europa Regional 18 (2-3), aufgerufen unter: http:// 87.234.205.235/Ar/Text/ER2010-2-3Jung.pdf, Zugriff 22.6.2013.

Kassenärztliche Vereinigung Rheinland-Pfalz (KV RLP) (2015): Pirmasens, Zweibrü-cken und Kreis Südwestpfalz, Kreisatlas zur vertragsärztlichen Versorgung, Mainz.

Köfel, Manuel; Mitterer, Karoline (2013): ÖPNV-Finanzierung in Österreichs Städten. Aktuelle Finanzierung und neue Steuerungs- und Finanzierungsmodelle. Endbericht KDZ Managementberatungs- und Weiterbildungs GmbH.

Körner-Blätgen, Nadine; Sturm, Gabriele: Internationale Migration in deutsche Groß-städte; in: Bundesinstitut für Bau-, Stadt- und Raumforschung (BBSR) im Bundes-amt für Bauwesen und Raumordnung (BBR) (Hrsg.): Informationen aus der verglei-chenden Stadtbeobachtung, BBSR-Analysen Kompakt 11,2015, S. 22.

Lavenex, Sandra: Europäische Union (2009); in: Hamburgisches WeltWirtschaftsInstitut (HWWI) (Hrsg.): focus Migration - Länderprofil Europäische Union, Nr. 17, S. 2.

Mangels, Kirsten; Wohland, Julia (im Erscheinen): "Sicherung der Daseinsvorsorge in ländlichen Grenzräumen – eine Untersuchung am Beispiel der Großregion", in: Caesar, Beate; Hartz, Andrea; Pallagst, Karina: Border Futures – Zukunft Grenze – Avenir Frontière. Zukunftsfähigkeit Grenzüberschreitender Zusammenarbeit. Arbeitsberichte der ARL. Hannover.

Nadler, Robert; Kriszan, Michael; Nienaber, Birte; Frys, Wioletta (2010): Zuwanderung internationaler Migranten in schrumpfende ländliche Regionen – die Fallbeispiele Ostsachsen und Saarland, in: Leibniz-Institut für Länderkunde e.V. (Hrsg.) (2012): Europa regional, Heft Nr. 18, S. 107.

Nienaber, Birte; Roos, Ursula (Hrsg.) (2015): Internationalisierung der Gesellschaft und die Auswirkungen auf die Raumentwicklung. Beispiele aus Hessen, Rheinland-Pfalz und dem Saarland. Arbeitsberichte der ARL 13, Hannover.

Scandurra, Isabella; Blusi, Madeleine; Dalin, Rolf: Norrlandicus Care Lab – The Novel Test Method for Aging Society Innovations, aufgerufen unter: http://norrlandicus.se/wpcontent/uploads/2013/11/NCL_NovelTestMethod_Vitalis_accept20140224.pdf, Zugriff 26.5.2014.

Schader Stiftung (Hrsg.) (2012): Zuwanderer im ländlichen Raum – Besonderheiten und Erfolgsfaktoren kommunaler Integrationspolitik, Artikel vom 2.8.2012, aufgerufen unter: http://www.schader-stiftung.de/themen/kommunikation-und-kultur/fokus/zuwanderung-im-laendlichen-raum/artikel/zuwanderer-im-laendlichen-raum-besonderheiten-und-erfolgsfaktoren-kommunaler-integrationspolitik/, Zugriff 6.1.2017.

Schweizerische Arbeitsgemeinschaft für die Berggebiete - SAB, Verkehrs-Club der Schweiz - VCS, Schweizer Alpen-Club - SAC (Hrsg.) (2008): Alpentäler-Bus / Bus Alpin –Die Erschließung touristisch interessanter Ausflugsziele mit öffentlichem Verkehr, Schlussbericht (Kurzfassung), Zürich.

Schwedisches Institut (Hrsg.)(2007): Das schwedische Gesundheitswesen, aufgerufen unter: http://www.schweden-navigator.de/pdf/Gesundheitswesen.pdf, Zugriff 23.8.2013.

Seelhofer, Maria (2009): Möglichkeiten und Grenzen von Verkehrs- und Tarifverbünden im Kontext des öffentlichen Regionalverkehrs in der Schweiz. Masterarbeit an der Universität Bern.

Swiaczny, Frank: Demografischer Wandel und Migration in Europa (2013); in: Hamburgisches WeltWirtschaftsInstitut (HWWI), Bundeszentrale für politische Bildung (bpb) (Hrsg.): focus Migration - Kurzdossier, Nr. 24.

Vortrag und Präsentationsfolien Dr. Madeleine Blusi: „Together for better welfare", am 25.6.2014 in Söråker, im Rahmen des internationalen Informations- und Erfahrungsaustausches Västernorrland.

Vortrag und Präsentationsfolien Thomas Egger: „Potenzialarme Räume Graubünden. Umgang mit ungenutzten Potenzialen. Handlungsmöglichkeiten und Strategien", am 21.5.2014 in Chur, im Rahmen des internationalen Informations- und Erfahrungsaustausches Graubünden und Südtirol.

Kirsten Mangels/Julia Wohland

Vortrag und Präsentationsfolien Beatrice Einarsson: „Norrlandicus Care Lab - An open innovation platform for actors seeking to improve elder care through innovation. An initiative by the department of social services, the mulicipality of Sundsvall, Sweden", am 25.6.2014 in Söråker, im Rahmen des internationalen Informations- und Erfahrungsaustausches Västernorrland.

Vortrag und Präsentationsfolien Horst Gangl: „Mikromobilität in der Marktgemeinde Ernstbrunn", am 3.4.2014 in St. Pölten, im Rahmen des internationalen Informations- und Erfahrungsaustausches Niederösterreich.

Vortrag und Präsentationsfolien Mattias Gillow: „E-Health in Sweden", am 25.6.2014 in Söråker, im Rahmen des internationalen Informations- und Erfahrungsaustausches Västernorrland.

Vortrag und Präsentationsfolien Sonja Kreutzer: „Mobilitätszentralen Niederösterreichisch", am 3.4.2014 in Friedersbach, im Rahmen des internationalen Informations- und Erfahrungsaustausches Niederösterreich.

Vortrag und Präsentationsfolien Herbert Wandl: „Gemeindebus Gerersdorf", am 3.4.2014 in St. Pölten, im Rahmen des internationalen Informations- und Erfahrungsaustausches Niederösterreich.

Vortrag und Präsentationsfolien Urs Wohler: „Nationalparkregion Gesundheitsregion", am 21.5.2014 in Scuol, im Rahmen des internationalen Informations- und Erfahrungsaustausches Graubünden und Südtirol.

Vortrag und Präsentationsfolien Ao. Univ. Prof. Dipl. Ing. Dr. Friedrich Zibuschka: „Öffentlicher Verkehr in NÖ. Strategie und Maßnahmen", am 3.4.2014 in St. Pölten, im Rahmen des internationalen Informations- und Erfahrungsaustausches Niederösterreich.

Rentenfinanzierung durch Produktivitätsfortschritt
Wie es gelingen kann, auch im Demografischen Wandel in Gestalt des stark wachsenden Bevölkerungsanteils der Ruheständler deren Altersversorgung sicherzustellen[1]

Dr. Klaus Opfermann

> „Die Rente ist sicher."
> Norbert Blüm (1986 und 1997)

Besorgnis um die Zukunft der Rente – die Problemlage

Eins der ökonomisch bedeutendsten Probleme, die der *Demografische Wandel* mit sich bringt, ist die Finanzierung der Altersrenten. Dieses Thema wird in Deutschland seit vielen Jahren heftig und kontrovers diskutiert. Es ist ein Komplex mit vielen Facetten wie *Altersarmut, Renteneintrittsalter* (63, 67, 70 oder gar 73?), *Rentenniveau* sowie *Lohnneben-* oder *Personalzusatzkosten*[2], die von den Arbeitgebern getragen werden und insofern ihr Kostengefüge belasten. Es fallen Reizworte wie „Ausplünderung der

---

1 Die ursprüngliche Langfassung des Beitrags sollte ein Buch sein, welches viele Fragen der Ökonomie aus dem Blickwinkel des Produktivitätsfortschritts als Quelle unseres Wohlstands betrachtet, sich aber nicht nur an Ökonomen wendet, sondern auch unter dem Bemühen um Allgemeinverständlichkeit an den interessierten Laien, wozu auch viele Politiker gehören. Es handelt sich also nicht um eine Arbeit im streng wissenschaftlichen Modus. Darum findet sich darin wie auch in dem hier vorliegenden Beitrag zu diesem Band kein vollständiger Quellennachweis.

2 Zu den Personalnebenkosten gehören die gesetzlich geregelten Aufwendungen (Arbeitgeberbeiträge zur Renten-, Kranken-, Arbeitslosen- und Pflegeversicherung sowie zur Berufsgenossenschaft, Lohn- und Gehaltsfortzahlung im Krankheitsfall, Weihnachts- und Urlaubsgeld, sonstige freiwillige oder tarifvertragliche Sozialleistungen der Arbeitgeber, Kosten für berufliche Aus- und Weiterbildung, betriebliche Altersversorgung, vom Arbeitgeber gestellte Berufskleidung, Umzugskostenerstattungen, kommunale Gewerbesteuer auf die Lohnsumme und noch einige mehr.
Allein die gesetzlich geregelten Kosten und sonstige tarifliche und vertragliche Leistungen der Arbeitgeber machten 2017 in Deutschland etwa 30 Prozent der Bruttoverdienste aus.

Jungen durch die Alten" oder „Aufkündigung des Generationenvertrages", wie das umlagefinanzierte Rentensystem Deutschlands auch gerne genannt wird. Das betrifft in Deutschland einen Bestand von 18,1 Millionen Altersrenten (Ende 2016) und zukünftig noch mehr, etwa 33 Millionen sozialversicherungspflichtig Beschäftigte und weit über drei Millionen Unternehmen und nicht zuletzt alle Steuerzahler angesichts eines steuerfinanzierten Bundeszuschusses von 91 Milliarden Euro (2017) an die Rentenkasse, der immerhin etwa 28 Prozent des Bundeshaushalts 2017 ausmacht und damit dessen größter Einzelposten ist.

Die vielleicht größte Horrormeldung zum Thema Zukunftsrenten kam 2017 vom World Economic Forum (WEF)[3]: *"Es handelt sich um eine tickende Zeitbombe"*, schrieben die Autoren einer dort präsentierten Studie und meinten die „demografische Zeitbombe".

Inhalt: Angeblich besteht allein bei den sechs Ländern mit den größten Pensionssystemen der Welt, wozu auch Deutschland zählt, und den bevölkerungsreichsten Staaten Indien und China zusammen ein Rentendefizit von 400 Billionen Dollar (pro Kopf 300.000 Dollar), davon allein in den USA 137 Billionen Dollar. Das entspreche dem Zehnfachen aller heutigen Staatsschulden und sei deutlich geringer als die prognostizierte Wirtschaftsleistung aller Staaten, die für das Jahr 2050 mit 270 Billionen Euro (bei 4% Wachstumsrate) bis 370 Billionen Euro (bei 5% Wachstumsrate) beziffert wird. Die Welt steuere somit auf eine globale Rentenkrise zu, welche bedeutender sei als die amerikanische Finanzkrise, die Euro-Krise oder sogar die Flüchtlingskrise. Verlängerte Lebenserwartung der Menschen und die entsprechende Alterung der Gesellschaften seien in finanzieller Hinsicht vergleichbar mit den Folgen des Klimawandels, sagte *Michael Drexler*, Infrastrukturexperte beim Weltwirtschaftsforum (WEF).

Eine ähnliche Schreckensmeldung hat der SPIEGEL mit einem Artikel verbreitet, der mit „Das 600-Milli-arden-Ding"[4] überschrieben war. Darin ging es um die Kosten, die entstehen würden, wenn das Rentenniveau von 2015 nicht abgesenkt wird und bis 2040 beibehalten wird. Das koste nämlich in Deutschland 596 Milliarden Euro. Es geht also in etwa darum, was

---

3 Eine Stiftung mit Sitz im Schweizer Kanton Genf, in erster Linie bekannt für das von ihr veranstaltete Symposium gleichen Namens, abgehalten alljährlich in Davos im Kanton Graubünden. Teilnehmer sind international führende Wirtschaftsexperten, Politiker, Intellektuelle und Journalisten, die über aktuelle globale Fragen diskutieren, vor allem Themen der internationalen Wirtschaftspolitik.
4 DER SPIEGEL Nr. 32 / 6.8.2016.

die Große Koalition für die Legislaturperiode ab 2017 vereinbart hat, nämlich das Rentenniveau nicht unter 48 Prozent sinken zu lassen[5]. Eine kritische Bewertung der Horrornachricht des SPIEGEL folgt später in diesem Beitrag.

Soweit die Problemlage.

Diese dramatisch „auf den Punkt" zu bringen, hat der Ökonomieprofessor und ehemalige Präsident des renommierten Münchener *ifo-Instituts*, *Hans-Werner Sinn*, versucht, als er im März 2016 den Eröffnungsvortrag einer Tagung der *Initiative Neue Soziale Marktwirtschaft (INSM)*[6] hielt. Darin zog er gegen die von der seinerzeitigen Großen Koalition geplante *Lebensleistungsrente*[7] zu Felde und trug außerdem folgendes vor:

- 2030 werde der *Altenquotient* mit 48 Prozent doppelt so hoch sein wie 2000.
- Dies führe mit mathematischer Zwangsläufigkeit zu einer Halbierung der Renten oder zu einer Verdoppelung der Rentenbeiträge.

Das wäre gewiss eine beunruhigende Botschaft, die aber schlicht falsch ist. Dies zum einen deshalb, weil die vielen diskutierten oder bereits reali-

---

5 Folgende Entwicklung soll stattfinden.

Entwicklung des Standard-Rentenniveaus

Jahr	2015	2016	2017	2018	2020	2025	2030
Rentenniveau*)°)	47,7%	48,0%	48,2%	48,1%	47,9%	46,5%	44,5%
Plan der GroKo				48,0%	48,0%	48,0%	48,0%
Differenz				-0,1%	0,1%	1,5%	3,5%

*) netto (vor Steuern, nach Sozialabgaben)

°) Sicherungsniveau laut Rentenbericht der Bundesregierung 2016; ändert sich in Abhängigkeit von der Entwicklung von Standardrente und Durchschnittsverdienst

6 Eine im Jahr 2000 vom Arbeitgeberverband Gesamtmetall gegründete und von weiteren Arbeitgeberverbänden getragene Denkfabrik und Lobbyorganisation, die durch Public-Relations-Arbeit ordnungspolitischen Botschaften der Öffentlichkeit nahebringen will. Dazu gehört die Vermittlung von Eigenverantwortung, Wettbewerb und unternehmerischer Freiheit als positive Werte. Vorsitzender des INSM-Kuratoriums: Wolfgang Clement, 1998 – 2002 Ministerpräsident des Landes Nordrhein-Westfalen und 2002 – 2005 Bundesminister für Wirtschaft und Arbeit.

7 Das ist nichts anderes als die *Solidarrente* oder *solidarische Lebensleistungsrente*, die im Koalitionsvertrag 2018 zwischen Union von CDU und CSU und SPD wieder auftaucht.

sierten politischen Maßnahmen zur Dämpfung der Rentenentwicklung[8] außer Acht bleiben. Eine davon, um ein wichtiges Beispiel zu nennen, betrifft das gesetzliche Renteneintrittsalter. Diskutiert werden 70 Jahre[9] statt der 67 Jahre, die nach schrittweiser Anhebung bis 2029 erreicht werden sollen; so das geltende Recht.[10] Eine andere Dämpfungsmaßnahme, nämlich die Absenkung des *Rentenniveaus* auf nicht weniger als 43 Prozent

---

8 Das Institut der Deutschen Wirtschaft (IW) schreibt dazu:
Der sogenannte Nachhaltigkeitsfaktor in der Rentenformel*) begrenzt den Rentenanstieg, wenn sich das Verhältnis von Beitragszahlern zu Rentenempfängern verschlechtert. Steigt der Beitragssatz, führt auch das automatisch zu geringeren Rentenerhöhungen. Der Riester-Faktor dämpft die Zuwächse im Ausgleich für die staatliche Förderung der privaten Altersvorsorge. Die jüngste Reform, die Rente mit 67, folgt der Erkenntnis, dass die mit der steigenden Lebenserwartung gewonnenen Jahre nicht ausschließlich im Ruhestand verbracht werden können, sondern sich auch die Lebensarbeitszeit verlängern muss. Damit zukünftige Generationen nicht weiter belastet werden und gleichzeitig die Versorgung im Ruhestand gesichert bleibt, müssen sich die Alterseinkommen in Zukunft zudem verstärkt auch aus betrieblicher und privater Vorsorge speisen.
*) Die Unterstreichungen im vorstehenden Text wurden durch uns vorgenommen.

9 **Es gibt die Forderung, ab 2031, wenn die Rente mit 67 für alle umgesetzt ist, die Rente mit 70 einzuführen. Das wird z.B. von Professor** *Michael Hüther* **unterstützt, dem Chef des** *Instituts der deutschen Wirtschaft (IW)*, **der auch den Koalitionsvertrag 2018 zwischen Union und SPD mit den Worten kritisiert:** *„Das Thema demografischer Wandel taucht im Koalitionsvertrag nicht auf."* **Bundeskanzlerin Angela Merkel (CDU) lehnt die Rente mit 70 ab, was von führenden Ökonomen kritisiert wird, z.B. von den fünf** *Wirtschaftsweisen* **(Sachverständigenrat zur Begutachtung der gesamtwirtschaftlichen Entwicklung), die vorgeschlagen haben, das Renteneintrittsalter an die fernere Lebenserwartung zu koppeln. Dazu der Freiburger Ökonom und Ratsmitglied Lars Feld:** *„Das ist keine Rente mit 70, aber könnte je nach demografischer Entwicklung darauf hinauslaufen."* **Noch im Amt des Bundesfinanzministers sagte Wolfgang Schäuble, dass er den Renteneintritt ab 70 will.**
Nach einem Strategiepapier der EU-Kommission sollen alle EU-Länder mittelfristig das Renteneintrittsalter auf 70 Jahre anheben.
Übrigens: Den Renteneintritt mit 70 gab es schon mal, allerdings nicht als Mindestalter, sondern als Höchstalter. Mit der Einführung der gesetzlichen Rentenversicherung am 1. Januar 1891 unter Reichskanzler Otto von Bismarck wurde erstmals das Ende der Lebensarbeitszeit begrenzt, und zwar auf das Alter 70 Jahre, ab 1916 auf 65 Jahre.

10 **§ 235** *Regelaltersrente* **(Sozialgesetzbuch (SGB) Sechstes Buch), Abs. 2:**
Versicherte, die vor dem 1. Januar 1947 geboren sind, erreichen die Regelaltersgrenze mit Vollendung des 65. Lebensjahres. Für Versicherte, die nach dem 31. Dezember 1946 geboren sind, wird die Regelaltersgrenze wie folgt angehoben:

bis zum Jahre 2030, soll – wie erwähnt – laut Koalitionsvertrag 2018 wieder rückgängig gemacht werden. Ebenso einer Dämpfung entgegen wirken auch die in diesem Koalitionsvertrag beabsichtigte Einführung einer *Solidarrente* (Rentenanspruch auf 10 Prozent über der Grundsicherung[11] nach mindestens 35 Jahren Einzahlung in die Rentenversicherung) und die Verbesserung der *Mütterrente*. Umso mehr gewinnt das an Bedeutung, was der Hauptgegenstand dieses Beitrags ist:

Sicherstellung der zukünftigen Rentenfinanzierung durch Produktivitätsfortschritt.

Zum andern ist Sinns These aber vor allem falsch, weil sie den Produktivitätsfortschritt nicht berücksichtigt.

Jahrgang	Alter	Renteneintritt	Jahrgang	Alter	Renteneintritt
1946	65 Jahre	2011	1956	65 Jahre + 10 Monate	2021
1947	65 Jahre + 1 Monate	2012	1957	65 Jahre + 11 Monate	2022
1948	65 Jahre + 2 Monate	2013	1958	66 Jahre	2023
1949	65 Jahre + 3 Monate	2014	1959	66 Jahre + 2 Monate	2024
1950	65 Jahre + 4 Monate	2015	1960	66 Jahre + 4 Monate	2025
1951	65 Jahre + 5 Monate	2016	1961	66 Jahre + 6 Monate	2026
1952	65 Jahre + 6 Monate	2017	1962	66 Jahre + 8 Monate	2027
1953	65 Jahre + 7 Monate	2018	1963	66 Jahre +10 Monate	2028
1954	65 Jahre + 8 Monate	2019	ab 1964	67 Jahre	2029
1955	65 Jahre + 9 Monate	2020			

Ab 1. Juli 2014 können besonders langjährig Versicherte, die mindestens 45 Jahre in der gesetzlichen Rentenversicherung versichert waren, schon ab 63 Jahren ohne Abschläge in Rente gehen.

11 Die *Grundsicherung* ist keine Rentenart, sondern eine aus Steuermitteln finanzierte Sozialleistung. Im Alter und bei Erwerbsminderung kann darauf ein Anspruch bestehen, wenn die Rente zusammen mit eventuell weiterem Einkommen nicht für den Lebensunterhalt ausreicht. Dadurch soll die Zahlung von Sozialhilfe vermieden werden.
Grundsicherung 2018: für eine Person: 416 Euro, für Ehepaare: 748 Euro, jeweils + Kosten für die Wohnung.

Dr. Klaus Opfermann

Fakten, Definitionen und Fragen

Um genau erläutern zu können, was es mit Hans-Werner Sinns Aussagen auf sich hat, sind zunächst einige Fakten festzustellen, einige Begriffe zu klären und einige Fragen zu formulieren. Doch beginnen wir mit einem Begriff, der schon einige Male vorkam und in der Rentendebatte eine wichtige Rolle spielt:

Das Rentenniveau

Gemeint ist das *Standard-Rentenniveau*. Das ist definiert als Relation der Standardrente (Rente nach 45 Jahren Beitragszahlung eines zum Durchschnittsverdienst Beschäftigten) zu dem Entgelt eines noch aktiven Durchschnittsverdieners. Dabei geht es jeweils um die Nettobeträge, d.h. bei der Rente um den Betrag nach Abzug von gesetzlicher Kranken- und Pflegeversicherung bzw. beim Verdienst des Durchschnittverdieners um den Betrag nach zusätzlichem Abzug von gesetzlicher Renten- und Arbeitslosenversicherung, beide also ohne Abzug der darauf zu entrichtenden Steuern (Lohn- und ggf. Kirchensteuer sowie des Solidaritätszuschlags).

Der Altenquotient

ist eine demografische Kennzahl. Sie gibt grosso modo an, wie sich die Ruhestandsbevölkerung zahlenmäßig zur arbeitenden Bevölkerung verhält, also etwa das Zahlenverhältnis der über 65-Jährigen zu den 15- bis 65-Jährigen. In dieser Abgrenzung wird der Altenquotient in Deutschland von 32 Prozent im Jahre 2015 auf 51 Prozent im Jahre 2050 steigen, wie das *Berlin-Institut für Bevölkerung und Entwicklung* ermittelt hat – eine in der Tat zunächst als besorgniserregend erscheinende Entwicklung.

Übersetzt heißt das: 2015 kamen 3,1 Personen im Erwerbsalter auf 1 Person im Ruhestandsalter; 2050 werden es nur noch 2 zu 1 Personen sein.

Historischer Altenquotient Deutschland [12]
{über 65-Jährige} : {20 - 65-Jährige}

Jahr	1871	1900	1939	1950	1970	1990	2010	2015
Wert	8,9%	9,6%	13,1%	16,3%	24,6% ⇨	23,6%	33,8%	34,7%

| | Stetige Zunahme | | | - 1,0 %-Punkte (!)[12] | | Stetige Zunahme | |

Eine inhaltlich sehr ähnliche Kennzahl ist das Verhältnis der Anzahl Rentner zur Anzahl der Beitragszahler,

die Rentnerquote.

Die ist wichtig, weil im deutschen Rentensystem die jeweils gegenwärtigen Beitragszahler die Renten der jeweils gegenwärtigen Rentner zahlen, *Umlageverfahren* genannt. Wie erwähnt wird allerdings fast ein Drittel der Rentenzahlungen von den Steuerzahlern aufgebracht.

Im Jahre 1900 war die Rentnerquote 1 : 13; 1960 war sie 1 : 4; und heute ist sie etwa 1 : 2. Das provoziert die Frage:

Wie ist es möglich, dass heute <u>nur zwei</u> Arbeitskräfte den Unterhalt eines Rentners erwirtschaften, wofür 1900 noch 13 bzw. 1960 noch vier Arbeitskräfte erforderlich waren?

---

12 Wir sehen, dass der Altenquotient seit bald 150 Jahren, eigentlich noch viel länger, ständig gestiegen ist. Eine Ausnahme bilden die Jahre von 1978 bis 2002, in denen er zunächst leicht sank, von Mitte der 1980-er bis Mitte der 1990-er Jahre stagnierte und dann wieder anstieg. Insofern liegt der Wert für 1990 um einen Prozentpunkt unter dem Wert für 1970. Das war eine historische Ausnahmesituation, deren Gründe weit zurückliegen. Wer zurückrechnet, wird feststellen, dass die Menschen, die 1978 bis 2002 über 65 Jahre alt waren, zu 25 Prozent während des Ersten Weltkriegs geboren wurden, als infolge des Krieges die Geburtenrate stark zurück ging. Diese Jahrgänge konnten deshalb nur eingeschränkt zur Zahl der im fraglichen Zeitraum von 1978 bis 2002 lebenden Senioren beitragen. Auch der Zweite Weltkrieg hat für diese Zeit seine Spuren im Altenquotient hinterlassen. Die seinerzeit über 65 Jahre alten Menschen waren im Zweiten Weltkrieg zwischen 30 und 50 Jahre alt. Von den Männern dieser Altersgruppe aber mussten viele als Soldaten im Krieg ihr Leben lassen. Sie fehlen also bei den Seniorenzahlen der Jahre 1978 bis 2002. Die beschriebene „Delle" in der Entwicklung des Altenquotienten mag für viele Jahre der Grund gewesen sein, warum der absehbaren demographischen Entwicklung so wenig Beachtung geschenkt wurde.

Dass Altenquotient und Rentnerquote im Laufe der Zeit ständig gestiegen sind, ist in erster Linie eine Folge der gestiegenen Lebenserwartung. Sehr deutlich kommt das z.B. zum Ausdruck in der Zunahme der durchschnittlichen Rentenbezugsdauer, also der Zeit vom Rentenbeginn bis zum Tod.

Die hat sich – auch dies ein Phänomen des Demografischen Wandels – in Deutschland seit 1960 verdoppelt: von 9,9 auf 19,4 Jahre 2016. Im Einzelnen:

Jahr	1960	1980	1990	2001	2010	2016
Ø Rentenbezugsdauer (Jahre)	9,9	12,1	15,4	16,3	18,5	19,4

All diese Zahlen empfinden viele als bedrohlich und stellen vor allem zwei Fragen:

- Wie soll die arbeitende Klasse es schaffen, in Zukunft so viel mehr Menschen im Alter zu versorgen?
- Ist meine Rente sicher?[13]

Produktivität

Dieser Begriff bezeichnet auf volkswirtschaftlicher Ebene das Verhältnis der jährlichen Wirtschaftsleistung eines Landes, also des *Bruttoinlandsprodukts* (kurz „*BIP*"), zum entsprechenden Arbeitseinsatz. Dieser lässt sich auf verschiedene Arten messen: durch die Anzahl der geleisteten Arbeitsstunden oder der Beschäftigten im selben Zeitraum. Man spricht deshalb auch von der *Arbeitsproduktivität*.

13

Doch man sollte sich durch diesen Begriff nicht täuschen lassen, was insbesondere Gewerkschafter gelegentlich versuchen, wenn sie neue Lohnforderungen begründen. Denn Arbeitsproduktivität ist nicht das, was das Wort suggeriert. Sie ist nämlich nicht die Produktivität der Arbeit, sondern nichts weiter als eine statistische Kennzahl und kein Maß für die Effizienz einer Arbeitskraft als Folge von angeborenen (originären) oder antrainierten Eigenschaften wie Fleiß, Intelligenz, Ausdauer, Körperkraft oder Geschicklichkeit.

Diese Feststellung zur inhaltlichen Bedeutung des Begriffs Arbeitsproduktivität lässt sich so begründen: Das BIP ist stets das Ergebnis des Einsatzes von Arbeit **und** Kapital, letzteres in der Form von Real-Kapital; also Betriebsgebäude, Maschinen, Werk-, Fahr- und Förderzeuge etc. bis hin zur öffentlichen Infrastruktur. – Und ganz wichtig: Das Kapital umfasst im weiteren Sinne auch das akkumulierte technische und wirtschaftliche Wissen, über das die einzelnen Arbeitskräfte, die Unternehmen sowie eine Volkswirtschaft als Ganzes verfügen.

Die Bedeutung der dargestellten Charakteristik der Arbeitsproduktivität zeigt sich besonders klar, wenn man ihre zeitliche Entwicklung betrachtet: Man sieht dann, dass die Erhöhung der menschlichen Arbeitseffizienz für Produktivitätssteigerungen kaum eine Rolle spielt, sondern sie kommt fast ausschließlich von Effizienzsteigerungen des eingesetzten Realkapitals.

Der geringe Einfluss des Faktors Arbeit auf die Produktivitätsentwicklung wird z.B. ganz offenkundig im Vergleich der Produktivitätsentwicklung in West- und Ostdeutschland:

Jahr	1991	2001	2015
Produktivität Ost (ohne Berlin) in % der Produktivität West	34%	70%	85%

Da die Menschen in Ostdeutschland hinsichtlich ihrer originären Fähigkeiten sicher nicht weniger leistungsfähig und leistungswillig als es die Westdeutschen sind, ist die geringere Produktivität auf die schlechtere Real-Kapitalausstattung zurückzuführen. Aber wie man sieht, die „Ossis" holen auf.

Vermutlich besaß schon „Ötzi", der Mann aus dem Eis[14], gestorben vor 5.250 Jahren, kaum geringere originäre Fähigkeiten als der heutige Mensch, abgesehen davon, dass er wesentlich kleiner und damit weniger kräftig war (ca. 1,60 Meter groß, 50 Kilogramm schwer und 46 Jahre alt ± 5 Jahre).

Die obige Charakterisierung von Arbeit ist wichtig, wenn es um produktivitätspolitische Maßnahmen geht. Diese müssen in erster Linie beim Produktionsfaktor (Real-) Kapital ansetzen, wozu auch – wie erwähnt – das akkumulierte wirtschaftliche und technische Wissen gehört, das sogenannte *Humankapital*[15]. Der Ansatz produktivitätspolitischer Maßnahmen beim Faktor Arbeit in seiner originären Bedeutung ist für den Produktivitätsfortschritt aus den dargelegten Gründen ziemlich unergiebig.

Kleiner Exkurs: Nach dieser Logik müssten eigentlich die Gewinne aus Produktivitätssteigerungen ausschließlich den Kapitaleignern zufließen. Das war in den Anfangszeiten des Kapitalismus ab Mitte des 18. Jahrhunderts auch weitgehend der Fall (*Manchester-Kapitalismus*). In den Industrieländern ist es sozialdemokratischen Kräften und in Deutschland auch den aus Arbeitervereinen im Zuge der Revolution von 1848 hervorgegangenen Gewerkschaften zu verdanken, dass sich seit Jahrzehnten Lohnsteigerungen mehr oder weniger auch am Produktivitätsfortschritt orientieren. Das ist auch gut so und Ausdruck des Sozialstaatsgebots im Grundgesetz[16], das u.a. als *„Soziale Marktwirtschaft"* Gestalt angenommen hat. Wäre es nicht so, würde das den sozialen Frieden gefährden und dann ökonomischen Schaden für alle bedeuten.

Produktivitätsfortschritt

ist die positive Entwicklung der Produktivität im Zeitablauf.

---

14 **Gletschermumie aus der späten Jungsteinzeit bzw. Kupfersteinzeit, gefunden 1991 in Trentino-Südtirol (Italien) in den Ötztaler Alpen in der Nähe des Similaungletschers.**

15 „Humankapital" war 2004 das *Unwort des Jahres*. Dabei ist dieser Begriff unter Ökonomen positiv besetzt. Das passiert, wenn Leute sich mit etwas beschäftigen, denen man die für eine solche Beurteilung erforderliche Kompetenz absprechen muss.

16 **Art 20 GG Abs. 1: „Die Bundesrepublik Deutschland ist ein demokratischer und** <u>sozialer</u> **Bundesstaat."**

Da wir behaupten, dass die demografiebedingte Zunahme der Rentenlast durch Produktivitätsfortschritt finanzierbar ist, stellt sich die Frage: Wird es gelingen, den dafür notwendigen Produktivitätsfortschritt zu erzielen?

Was bedeutet nun der Anstieg des Altenquotienten von 32% im Jahre 2015 auf 51% im Jahre 2050 für das deutsche Rentensystem genau?

Rente und Produktivitätsfortschritt seit 1900

Wir kommen zunächst zurück zur Rentnerquote, die – wie erwähnt – von 1900 bis heute von 1 : 13 auf 1 : 2 gestiegen ist. Die Versorgung der Rentner durch relativ immer weniger Beitragszahler war nur möglich durch den ständigen Produktivitätsfortschritt der Wirtschaft.

Dieser „Mechanismus" funktioniert zuverlässig seit über 100 Jahren – trotz stetig gestiegenem Altenquotienten.

Man kann leicht ausrechnen, wie hoch der durchschnittliche Produktivitätsfortschritt gewesen sein muss, wenn <u>zwei</u> Erwerbstätige die wirtschaftliche Leistung von früher 13 erbringen sollen.

Ergebnis: Die heutige Produktivität ist mindestens *13 : 2 = 6,5* Mal so hoch wie 1900 und somit um *550 Prozent* höher als 1900; das entspricht einer durchschnittlichen Steigerungsrate des Produktivitätsfortschritts von nur *1,64 Prozent* pro Jahr[17]. Für den Zeitraum von 1960 bis 2017 ergeben sich jahresdurchschnittlich *1,22 Prozent.*[18]

In Wahrheit war der Produktivitätsfortschritt noch viel höher, weil (a) das reale Versorgungsniveau der heutigen Rentner sehr viel besser ist als das von 1900 bzw. 1960 und (b) die Rentenbezugsdauer wesentlich länger ist. – Warum soll das, was in der Vergangenheit funktioniert hat, nicht auch in Zukunft gelten?

---

17 Das ist *[die 115. Wurzel aus 650%] – 100% oder [6,5$^{1/(2015-1900)}$ – 1] in %.*
18 *= (4 Arbeitskräfte : 2 Arbeitskräfte)$^{1/(2017-1964)}$ - 1.*

Entwicklung von Bevölkerung, Produktivität und Wohlstand bis 2050

Dazu betrachten wir die folgenden zwei Szenarien *A* und *B*:

Möglicher Wohlstand 2050 in Deutschland (2 Szenarien)	2015 Ist- Zahlen	2050 Szenario A	2050 Szenario B	Verän- derung	Anmerkungen
Bevölkerung in Mio.	82,2	77,0		-6%	Nach Daten der
Personen bis < 15 Jahre (Mio.)	10,8	10,6		-2%	13. Bevölkerungsvorausbe- rechnung
Personen im Alter von 15 - 64 (Mio.)	54,2	44,0		-19%	des Statistischen Bundes- amts
Personen ab 65 Jahren (Mio.)	17,2	22,4		+30%	(2015)
Altenquotient	*32%*	*51%*		*+59%*	Berlin-Inst. f. Bevölk. u. Entwickl.
BIP/Kopf (€ p.a.)	37.127	37.127	48.224		$= 37.127 \cdot (1 + 0,75\%)^{(2050-2015)}$
BIP/Kopf-Wachstum p.a.		*0%*	*0,75%*		
Produktivität (*P*)*) (€ p.a.)	56.280	65.039	84.393		$= 48.224 \cdot 77,0 / 44,0$
P-Wachstum 2015 - 2050		*15,5%*	*50,0%*		
entspricht Ø P-Wachstum[19] *p.a. von*		*0,4%*	*1,2%*		$= (1 + 50,1\%)^{1/(2050-2015)} - 1$
*) *P* = BIP / Person im Erwerbsalter von 15–< 65 Jahren.					

Man sieht, wie dramatisch die Bevölkerung über 65 Jahren wachsen wird (+ 30 Prozent).

Soll bei der genannten Entwicklung des Altenquotienten auch 2050 real dasselbe Wohlstandsniveau erreicht werden wie 2015 (*Szenario A*), ist – wie das Rechentableau zeigt – in diesem Zeitraum ein Produktivitätsfort- schritt von insgesamt 15,5 Prozent erforderlich. Als Maß für den materiel- len Wohlstand eines Landes wird hier das BIP pro Kopf der Bevölkerung verwendet – eine durchaus übliche, wenn auch nicht ganz unumstrittene Vorgehensweise[20]. Die durchschnittliche Produktivitätsfortschrittsrate wä-

---

19 Hier wird bei der Produktivitätsberechnung das BIP nicht auf die Beschäftigten oder die Arbeitsstunden, sondern auf die Erwerbsbevölkerung bezogen, was genau genommen impliziert, dass sich Erwerbsbevölkerung und Beschäftigte in einem konstanten Verhältnis entwickeln. Dass das mehr oder weniger nicht so ist, ändert aber nichts an der prinzipiellen Gültigkeit unserer Überlegungen.

20 So hat z.B. eine 2010 eingesetzte Enquete-Kommission des Deutschen Bundesta- ges *"Wachstum, Wohlstand, Lebensqualität – Wege zu nachhaltigem Wirtschaften und gesellschaftlichem Fortschritt in der Sozialen Marktwirtschaft"* ein *ganzheitli-*

re dann nur 0,4 Prozent pro Jahr. Denn 15,5 Prozent sind gleich (*1* +
0,4%)^{35} – 1. Das ist einfache Zinseszinsrechnung.

Soll darüber hinaus eine reale Steigerung des Wohlstands erreicht werden von beispielsweise jahresdurchschnittlich 0,75 Prozent (*Szenario B*),
ist eine Produktivitätsfortschrittsrate von 1,2 Prozent jährlich erforderlich;
das ist etwa soviel wie in den vergangenen 60 Jahren erreicht wurde. Das
BIP pro Kopf stiege dann real um 30 Prozent und die Produktivität um
50 Prozent (s. Tab., S. 8).

Sorgt der Staat für eine unveränderte *sekundäre Einkommensverteilung*[21], z.B. durch eine entsprechende Steuer- und Sozialpolitik, können
alle, Erwerbstätige und Ruheständler, gleichermaßen am steigenden Wohlstand teilhaben, notabene: steigender Wohlstand, gleichmäßig verteilt –
trotz steigendem Altenquotienten.

Die Erhöhung des Altenquotienten muss damit nicht zu angeblich un-
vermeidlichen Verteilungskonflikten führen, wie Sinn und viele andere be-
fürchten. So hat z.B. der inzwischen verstorbene Bundespräsident *Roman
Herzog* bereits 2008 von der Gefahr einer „Ausplünderung der Alten
durch die Jungen" gesprochen und warnte in der BILD-Zeitung vor einer
„Rentnerdemokratie". Roman Herzog war Jurist und kein Ökonom.

---

ches Maß erarbeitet, das den Wohlstandsfaktoren „jenseits" des BIP mehr Bedeutung geben sollte. Auch in anderen Staaten oder Staatengemeinschaften gab es solche Bestrebungen, z.B. für die EU: *„Beyond Gross Domestic Product"* (*„Jenseits
des BIP"*). Die Ergebnisse dieser Versuche erwiesen sich als kompliziert, offenbar-
ten oft fehlende Messbarkeit der Kriterien und waren deshalb kaum praktikabel.
Von einem daran ausgerichteten politischen Handeln hat man jedenfalls nie etwas
gehört.

21 Die sekundäre Einkommensverteilung ergibt sich aus der *primären Einkommensverteilung* durch Berücksichtigung von Steuern und Abgaben sowie der *Transfer-
leistungen*, seien sie gesetzlich (z.B. Renten der Deutschen Rentenversicherung)
oder privat (z.B. Betriebsrenten), zusammen *Transfereinkommen*. Demgegenüber
stehen die *Transferaufwendungen* wie die Sozialversicherungsbeiträge und Teile
der Steuern. Die primäre Einkommensverteilung zeigt in der Volkswirtschaftlichen
Gesamtrechnung (VGR) die Bruttolöhne und -gehälter (einschließl. der Arbeitgeberbeiträge zu den Sozialversicherungen), die Gewinne und Verluste der Unternehmen und Freiberufler sowie die Kapitaleinkommen (Mieten, Pachten, Zinsen,
Dividenden u.ä.).

Rentenpolitik

Eine gute Rentenpolitik ist also nicht das, was gemeinhin darunter verstanden wird, sondern muss ganz wesentlich *Produktivitätspolitik* sein. Davon kann gegenwärtig in Deutschland allerdings keine Rede sein.

(1) Soweit **der Staat** dazu beitragen kann, bedeutet *Produktivitätspolitik*:
  - Investitionen in Aus- und Fortbildung sowie Infrastruktur,
  - Förderung von Wissenschaft und Forschung
  - und Aufrechterhaltung der *internationalen Arbeitsteilung* durch *Freihandel*, (kein *Protektionismus*, keine Handelskriege), der neuerdings wieder vor allem durch den amerikanischen Präsidenten *Donald Trump* in Misskredit gebracht wird;
  - vor allem aber Sorge für eine gut funktionierende Wettbewerbswirtschaft.

Denn in einer Marktwirtschaft ist der Wettbewerb die Hauptantriebskraft des Produktivitätsfortschritts.

Unternehmen, die keinen Produktivitätsfortschritt erzielen, verlieren ihre Wettbewerbsfähigkeit und verschwinden aus dem Markt (durch Insolvenz oder Geschäftsaufgabe). U.a. dieses „Gesetz" macht Marktwirtschaften so effizient für das Gesamtwohl, wenngleich das meistens mit partiellen Arbeitsplatzverlusten verbunden ist, die aber in der Regel nur vorübergehend sind. Diese „Selbstreinigung" der Marktwirtschaft wirkt sich günstig auf die Produktivitätsentwicklung aus – nicht zuletzt auch für die Arbeitnehmerschaft insgesamt.

Gibt es keinen Wettbewerb, ist der Produktivitätsfortschritt nur sehr mäßig, wie wir vom Schicksal der sozialistischen Planwirtschaften wissen. 1991, nach der „Wende", betrug – wie erwähnt – die Produktivität in Ostdeutschland nur 34 Prozent des westdeutschen Niveaus.

Es war der weitgehend fehlende Wettbewerbsdruck und damit die schlechte Produktivität, welche das Wohlstandsgefälle der sozialistischen Planwirtschaften gegenüber den westlichen Marktwirtschaften immer größer werden ließ und für erstere fast immer tödlich endete. Kommunismus, realer und ideeller Sozialismus haben diese Dynamik stets unterschätzt und tun das vielfach auch heute noch. Insofern war der wirtschaftliche Niedergang vorprogrammiert. 1990/91 ist der ökonomische Zusammenbruch – und nicht nur der – dann eingetreten. Einen anderen Weg versucht China mit seinen *Sonderwirtschaftszonen*. Es ist sicher spannend, wie dieses Experiment ausgeht.[22]

(2) **Die Wirtschaft** besorgt den überwiegenden Teil des Produktivitätsfortschritts selbst. Deutschland ist dabei ein „Musterknabe", indem es das produktivste Land der G7-Staaten[23] wurde.

Problem „Produktivitätsrätsel"

Eine im Interesse der Rentenfinanzierung gute Produktivitätspolitik ist auch notwendig, um dem seit etwa 10 bis 15 Jahren sinkenden Trend der Produktivitätsentwicklung entgegenzuwirken, der nicht nur in Deutschland, sondern auch in anderen „reifen" Industrieländern wie den G7-Staaten zu beobachten ist. So schrieb der *Sachverständigenrat zur Begutach-*

---

22 Es ist etwa 40 Jahre her, dass Deng Xiaoping, nach Maos Tod Führer der Kommunistischen Partei Chinas, eine zum Teil marktwirtschaftliche Ordnung und eine Öffnung gegenüber dem „Westen" zugelassen hat. Ein wichtiger Bestandteil seiner Wirtschaftsreformen gegen Ende der 1970-er und Anfang der 1980-er Jahre, war die Errichtung von Sonderwirtschaftszonen, u.a. mit dem Ziel ausländisches Investitionskapital anzulocken, was sehr erfolgreich war.
Aber immer noch gibt es einen gigantischen Sektor von unproduktiven Staatsunternehmen, die letztlich der bürokratischen Kontrolle der Kommunistischen Partei unterliegen. Doch so sehr sich China wirtschaftlich zu einem *Global Player* entwickelt hat, kann man bei allen Erfolgen nicht darüber hinwegsehen, dass China zum großen Teil noch ein Entwicklungsland ist, in dem die durchschnittliche Wirtschaftsleistung pro Kopf (BIP/Kopf) auch nach 40 Jahren immer noch sehr gering ist: gemessen an den Werten für die EU knapp die Hälfte, für Deutschland etwa 30 Prozent und für die USA etwa 25 Prozent. Die weitere wirtschaftliche Entwicklung Chinas wird ganz davon abhängen, inwieweit der seit dem 19. Parteitag der Kommunistischen Partei Chinas im Oktober 2017 mit ungeheurer Machtfülle ausgestattete starke Mann Chinas, Parteichef und Staatspräsident Xi Jinping, jenseits seiner neuen Staatsdoktrin vom „Sozialismus chinesischer Prägung" liberale Wirtschaftsspielräume noch zulässt. Derzeit, im März 2018, deuten die Zeichen auf einen wieder stärkeren Einfluss des Staates bzw. der Kommunistischen Partei. Auch die im März 2018 beschlossene Aufhebung der Beschränkung der Amtszeit des Staatspräsidenten auf zwei Wahlperioden verheißt nichts Gutes.
23 Deutschland, Frankreich, Italien, Japan, Kanada, Vereinigtes Königreich, USA.

tung der gesamtwirtschaftlichen Entwicklung[24] (die „fünf Wirtschaftsweisen") in seinem Jahresgutachten 2015/16:

Trends in der Arbeitsproduktivität

Die Zunahme der gesamtwirtschaftlichen Arbeitsproduktivität hat sich in
Deutschland in den vergangenen Jahren deutlich verlangsamt. Aktuell gibt es
nur wenige Anzeichen für eine Abkehr von diesem Trend. Diese Entwicklung
steht nicht zuletzt in engem Zusammenhang mit der jüngst vergleichsweise
schwachen Investitionstätigkeit der privaten Wirtschaft. Sie könnte jedoch
auch auf Strukturverschiebungen innerhalb der Volkswirtschaft sowie einen
gedämpften technologischen Fortschritt, also eine vergleichsweise geringe In-
novationsfähigkeit der Wirtschaft zur Schaffung neuer Produkte und Prozesse, zurückzuführen sein.

...

Zwischen den einzelnen Wirtschaftsbereichen zeigen sich sehr heterogene
Entwicklungen. Während im Verarbeitenden Gewerbe durchweg hohe Anstie-
ge der Arbeitsproduktivität zu verzeichnen waren, die sich erst in den vergangenen sieben Jahren zurückbildeten, hat sich die Produktivität im Dienstleis-
tungsbereich schon seit Anfang des Jahrtausends schwach entwickelt.

Graphisch sieht die Produktivitätsentwicklung in Deutschland so aus:

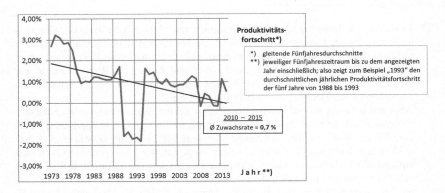

Die Ökonomen nennen dies ein ***Produktivitätsrätsel*** und im Zusammenhang mit den eigentlich zu erwartenden positiven Effekten der zunehmenden Digitalisierung von Arbeits- und Produktionsprozessen ein *Produkti-*

---

24 Derzeitige Mitglieder: Prof. Dr. Christoph M. Schmidt (Vorsitzender), Prof. Dr.
Peter Bofinger, Prof. Dr. Lars P. Feld, Prof. Dr. Isabel Schnabel, Prof. Volker Wie-
land, Ph. D.

vitätsparadoxon. Woran das scheinbare Nachlassen des Produktivitätsfort-schritts trotz zunehmender Digitalisierung vieler Produktionsprozesse liegt, ist noch nicht erforscht.

Es gibt allerdings zwei plausible Hypothesen (1) und (2) und zwei trifti-ge Gründe (3a) und (3b):

(1) Die Effekte der Digitalisierung der Wirtschaft werden im BIP nicht richtig abgebildet und damit sei der Produktivitätsfortschritt in Wahr-heit höher.

(2) Die Inflationseffekte werden als zu hoch angesetzt, wenn es um die Ermittlung der Realwerte[25] geht (unzureichende Berücksichtigung der Warenkorbänderungen).

(3) Dienstleistungen, z.B. die Bearbeitung eines Schadenfalls in einer Ver-sicherung, lassen sich [derzeit noch] (a) schwieriger automatisieren als Produktionsprozesse, was den Produktivitätsfortschritt dämpft, zumal (b) der BIP-Anteil des *Dienstleistungssektors*, auch *tertiärer Sektor* einer Volkswirtschaft genannt, stetig steigt.

---

25 Das BIP eines jeden Jahres wird primär stets zu den aktuellen Preisen ermittelt. Um die BIPs real vergleichbar zu machen, werden sie mit den Preisindices der ein-zelnen Jahre zurückgerechnet. Da das Jahr mit dem Preisindex 100 als Basiswert dient, werden die BIPs aller anderen Jahre mit einem Preisindex zurückgerechnet, der die qualitative und quantitative Struktur (den „Warenkorb") des Basisjahres widergibt. Enthält also z.B. das Jahr 2015 Produkte (z.B. Smartphones), die es im Basisjahr 2000 noch nicht gab, entsteht zwangsläufig ein in gewissem Maße ver-zerrter Realwert des BIPs im Jahr 2015. Eine gewisse Korrektur ergibt sich durch die Verwendung von Kettenindices, bei denen der Warenkorb für jeweils fünf Jah-re unverändert bleibt. Der Nachteil von Kettenindices ist, dass sie nicht nur Preis-effekte, sondern auch Mengeneffekte anzeigen.

Dr. Klaus Opfermann

Arbeitsproduktivität je Erwerbstätigen
jahresdurchschnittl. Zunahme der Arbeitsproduktivität je Erwerbstätigen
in %

Jahre	Gesamt	Produzierendes Gewerbe		Dienstleistungsbereiche	
	a	*in % v. a*		*in % v. a*	
2007 - 2016	0,30%	0,88%	*292%*	0,06%	*20%*
1997 - 2006	1,09%	3,05%	*280%*	0,53%	*49%*
1987 - 1996	1,66%	1,70%	*103%*	1,48%	*89%*
1977 - 1986	1,35%	1,22%	*91%*	1,13%	*84%*

Quelldaten: Statistisches Bundesamt

Die Tabelle zeigt, dass die Produktivität im Dienstleistungssektor deutlich unter der des Produzierenden Gewerbes liegt.

Anteile der Wirtschaftssektoren an der Bruttowertschöpfung[26] Deutschlands

Jahr	Land- & Forstwirtschaft, Fischerei	Produzierendes Gewerbe	Dienstleistungsbereiche
1976	2,8%	42,6%	54,5%
1986	1,7%	39,5%	58,8%
1996	1,1%	31,9%	67,0%
2006	0,8%	30,1%	69,1%
2016	0,6%	30,5%	68,9%

Quelldaten: Statistisches Bundesamt

Da bei Dienstleistungen der Produktionsfaktor Arbeit eine größere Rolle spielt (höhere Personalintensität) als in der Produktion, kommt hinzu, dass – wie bereits ausgeführt – bei der Arbeitskraft selbst Produktivitätsverbesserungen kaum möglich sind.

Das schlechte Abschneiden des Dienstleistungssektors wird sich allerdings sehr wahrscheinlich ändern, wenn die auf digitale Algorithmen basierte *Künstliche Intelligenz* (*KI*) weiter fortgeschritten ist und Dienstleis-

---

26 Die Bruttowertschöpfung eine Volkswirtschaft ist gleich dem BIP abzüglich der Nettogütersteuern.

tungsprozesse einer Digitalisierung und damit auch einer Automatisierung zugänglicher geworden sind.

Es gibt schon vielversprechende Ansätze dafür, wie die folgenden zwei Beispiele zeigen.

1. Der Japanische Lebensversicherer *Fukoku Mutual Life Insurance* setzt zwecks Steigerung der Produktivität seit Januar 2017 KI in der Zahlungsabteilung ein. Fast 30 Prozent der Mitarbeiter dieser Abteilung werden mit Hilfe von *Watson*, des Supercomputers von *IBM*, durch KI ersetzt.

2. In einem Projekt namens *ROAR* (Robot-based Autonomous Refuse) haben 35 Studenten aus sieben Nationen von drei schwedischen Universitäten zusammen mit dem Autobauer *Volvo* erfolgreich getestet, dass intelligente Maschinen in der Lage sind, miteinander zu kommunizieren. Konkret ging es um die automatische Müllentsorgung mit einem Müllfahrzeug (noch mit Fahrer), einem Roboter („*Roary*") zur Aufnahme und Entleerung der Müllbehälter und einer autonomen Drohne zur Ortung und Ansteuerung der Abfallbehälter. – Es ist nur eine Frage der Zeit von höchstens fünf bis zehn Jahren, dass in Deutschland die Müllabfuhr automatisiert wird.

Laut einer 2017 veröffentlichten Studie der Unternehmensberatung *McKinsey*[27] könnte durch den Einsatz von KI bis 2030 das deutsche BIP um bis zu 4 Prozent (jahresdurchschnittlich 0,25 Prozent), umgerechnet 160 Milliarden Euro, zusätzlich wachsen, wobei die höhere Produktivität ein wesentlicher Wachstumsantrieb ist. *„Angesichts der demografischen Entwicklung ist die Produktivitätssteigerung durch KI ein entscheidender Faktor für die deutsche Wirtschaft"*, erläuterte *Harald Bauer*, Seniorpartner bei McKinsey.

(4) Eine aus unserer Sicht wenig plausible Hypothese zum Produktivitätsrätsel, die der US-Ökonom Robert Gordon vertritt, ist die, dass es seit der *Zweiten Industriellen Revolution*[28] mit Ausnahme des Computers keine bahnbrechenden Erfindungen mehr gäbe.

---

27 „Smartening up with Artificial Intelligence (AI) – What's in it for Germany and its Industrial Sector?".

28 Ab Ende des 19. bis ins frühe 20. Jahrhundert: Nutzung von Elektrizität, Verbrennungsmotor, Chemie, Fließband, Akkordarbeit.

Das ist vermutlich so unsinnig und pessimistisch wie der Vorschlag, den der seinerzeitige Chef des US-Patentamts Charles Duell 1899 machte, nämlich seine Behörde zu schließen mit der Begründung: *"Es gibt nichts Neues mehr. Alles, was man erfinden kann, ist schon erfunden.*

Die Digitalisierung („Industrie 4.0") in Verbindung mit der *Robotik* und der *Sensorik* ist zwar keine einzelne bahnbrechende Erfindung, aber ein insgesamt sehr innovativer Prozess.

Es ist darauf hinzuweisen, dass die dargestellten Szenarien keine Prognosen sind. Sie sollen lediglich zeigen, wie der Produktivitätsfortschritt als **Potenzial** sich „ceteris paribus"[29] auf die Wohlstandsentwicklung auswirken kann. Denn der Produktivitätsfortschritt führt nur dann zu Wirtschaftswachstum, wenn andere Bestimmungsfaktoren[30] seine Wirkung nicht negativ überlagern oder in ihrer Gesamtheit gegenläufige Effekte haben.

Zurück zu Hans-Werner Sinn. Sein Fehler ist, dass er wie so viele andere auch ausschließlich mit der demographischen Entwicklung argumentierte. Das ist eine Falle; wir nennen das …

Die Demografiefalle.

Doch schauen wir uns die Sache genauer an, indem wir – ausgehend von Sinns Szenario – zwei Alternativszenarien betrachten:

*   ***Szenario 1*** mit dem Ziel:
    Der BIP-Anteil der Rentenlast soll 2030 gegenüber 2015 unverändert bleiben;
*   ***Szenario 2*** mit dem Ziel:
    Das BIP pro Kopf im Jahre 2030 soll (real) genau so hoch sein wie 2015.

Für beide Szenarien zeigt die folgende Tabelle, wie hoch der Produktivitätsfortschritt sein muss, damit das jeweilige Ziel erreicht wird:

---

29 Alle anderen Einflussgrößen des Analysemodells werden weitgehend konstant gehalten.
30 Z.B. außen- und innenpolitische Einflüsse, insbesondere der Wirtschafts- und Finanzpolitik; konjunkturelle Entwicklungen; Geld- und Zinspolitik der Europäischen Zentralbank (EZB); Verhalten der Tarifpartner etc.

Wirtschaft Deutschlands und die demographisch bedingte Entwicklung der Rentenlast	*Szenario* *von* **Hans-Werner** **Sinn**		*Alternativ-* *Szenario 1* (unveränderter Anteil vom BIP)		*Alternativ-* *Szenario 2* (unverändertes BIP pro Kopf)	
	2000	2030	2000	2030	2000	2030
Altenquotient[1,2]	*24%*	*49%*	*24%*	*49%*	*24%*	*49%*
Produktivität[3]	53.655	53.655	53.642	88.597	53.642	74.558
durchschnittlicher jährlicher Produktivitätsfortschritt	*0,0%*		*1,7%*		*1,1%*	
Altersrenten-Ausgaben in Mrd. €	136,1	248,9	136,1	248,9	136,1	248,9
in % vom BIP	*10,2%*	*19,3%*	*10,2%*	*10,2%*	*10,2%*	*12,2%*
Ausgaben je Altersrentner in €	5.818	10.637	5.818	10.637	5.818	10.637
BIP pro Kopf in € — Zielwert	25.718	18.503	25.718	30.553	25.718	25.718
Veränderung gegenüber 2000		-28,1%		+18,8%		±0%

[1] hier: Zahlenverhältnis der Menschen über 65 zu den zwischen 21 und 65 Jahren; [2]Werte aus dem 4. Tragfähigkeitsbericht des Bundesfinanzministeriums (2016); [3]BIP je Erwerbstätigen in €

Das vorstehende Tableau zeigt für *Alternativ-Szenario 2*, wie ein jährlicher Produktivitätsfortschritt von 1,1 Prozent dafür sorgen kann, dass der BIP-Anteil der Rentenlast sich nur gering von 10,2 auf 12,2 Prozent erhöht und trotzdem das BIP pro Kopf der Bevölkerung, also der durchschnittliche Wohlstand, real unverändert bleibt, obwohl der Rentneranteil an der Bevölkerung sich fast verdoppelt und die Gesamtrentenlast real um 83 Prozent steigt. Steuer- und Sozialpolitik müssen dann dafür sorgen, dass keiner der beiden Bevölkerungsteile, Erwerbstätige und Ruheständler, benachteiligt wird,

Bei 1,7 Prozent Produktivitätsfortschritt (*Alternativ-Szenario 1*) bleibt der BIP-Anteil der Rentenlast unverändert (10,2 Prozent); der Wohlstand (BIP/Kopf) erhöht sich um 18,8 Prozent.

Auch diese Rechnung ist keine Prognose, sondern mehr ein *Erklärungsmodell*, wie es Ökonomen häufig benutzen, um wirtschaftliche Zusammenhänge aufzuzeigen, hier den Zusammenhang von demografischer Entwicklung, Produktivitätsfortschritt und Wohlstand, insbesondere des Potenzials zur nachhaltigen Sicherstellung der Finanzierung demografiebedingt steigender Rentenlasten.

121

2015 war die Hälfte des von *Hans-Werner Sinn* betrachteten Zeitraums verstrichen, ohne dass es Anzeichen besonderer Konflikte zwischen den Generationen oder eine durch die Rentenproblematik ausgelöste Staatskrise gegeben hat. Das aber hatte Sinn behauptet. Er hätte vermutlich recht gehabt, wenn es keinen Produktivitätsfortschritt gegeben hätte.

Zugegeben: Man tappt leider leicht in die Demografiefalle[31]. Denn es erscheint doch so simpel:

Immer mehr Alte und immer weniger Junge; muss das nicht zu einem Verteilungskampf zwischen den Generationen führen? Und nicht nur das, sondern auch zu einer Verschlechterung unseres Lebensstandards? Der Mainstream der Meinungen geht davon aus, dass das so kommen wird.

In Deutschland hat sich der Altenquotient etwa alle 60 Jahre verdoppelt: Um 1900 betrug er um die 10 Prozent, im Jahre 1960 19 Prozent und im Jahre 2015 32 Prozent. Trotzdem ist das Rentensystem – abgesehen von den Erschütterungen der zwei Weltkriege – niemals zusammengebrochen. Das aber wäre ohne Produktivitätsfortschritt passiert.

Vorschläge der Deutschen Bundesbank zum Renteneintrittsalter

Die Analyse in diesem Abschnitt soll zeigen, dass nicht einmal eine so gewichtige Institution wie die *Deutsche Bundesbank* den Produktivitätsfortschritt in ihren Rentenüberlegungen berücksichtigt.

Sie hat sich Im August 2016 mit ihrem Monatsbericht in die Rentendebatte eingeschaltet und eine kontinuierliche Anhebung des Renteneintrittsalters auf 69 Jahre bis 2060 ins Spiel gebracht; bei den empfohlenen Anhebungsschritten von jeweils dreiviertel Monaten ab 2030 ergäben sich Renteneintrittsalter, wie sie in der nebenstehenden Tabelle dargestellt sind.

---

31 Genau so ging es z.B. dem *Institut der Deutschen Wirtschaft* (*IW*):
Heute kommen auf 100 Beitragszahler etwa 60 Rentner; im Jahr 2030 dürften es bereits 100 sein. Dies bedeutet: Entweder wird der Rentenanstieg gebremst oder die Beitragssätze müssten steigen … . Will die Politik den Anstieg der Beitragslast begrenzen, geht an einer Senkung des Rentenniveaus kein Weg vorbei.
Das ist im Grunde dieselbe Argumentation wie die von *Hans-Werner Sinn.*

Renteneintrittsalter*)						
Jahr	Jahre	+	Monate	Jahr	Jahre	+	Monate
2030	67	+	0,8	2050	68	+	3,8
2035	67	+	4,5	2055	68	+	7,5
2040	67	+	8,3	2060	68	+	11,3
2045	68	+	–			

*) stufenweise Steigerung um einen 3/4 Monat je Kalenderjahr

Die Rechnung der Bundesbank basiert ebenfalls auf der der 13. Bevölkerungsvorausberechnung des Statistischen Bundesamts, die eine Lebenserwartung von 84,8 Jahren für neugeborene Jungen und von 88,8 Jahren für neugeborene Mädchen unterstellt. Das vorgeschlagene Renteneintrittsalter sei lediglich der Ausgleich für diese Steigerung der Lebenserwartung. Dabei müsste das (Standard-) Rentenniveau bis 2060 auf 42 Prozent sinken und der Beitragssatz zur Rentenversicherung von derzeit 18,7 Prozent auf 24 Prozent angehoben werden. Die Bundesregierung der großen Koalition von 2013 bis 2017 hat den Vorschlag der Bundebank umgehend zurückgewiesen. Sie hält an der „Rente mit 67" bzw. „... mit 63"[32] fest.

Zum Produktivitätsfortschritt in der Rechnung der Bundesbank erteilte sie uns auf Anfrage diese Auskunft:

„Der Produktivitätsfortschritt schlägt sich in unseren Berechnungen im Anstieg der Pro-Kopf-Löhne nieder. Wir haben die Annahme der Bundesregierung von 3% pro Jahr (nominal) über das Jahr 2030 hinaus fortgeschrieben. Dahinter steht – mit einer erwarteten Inflationsrate von unter, aber nahe 2% – ein jahresdurchschnittlicher Produktivitätsanstieg von gut 1%."

Die genaue Rechnung der Bundesbank liegt uns nicht vor. Auch der Monatsbericht August 2016, der in dem Kapitel „Öffentliche Finanzen" auch die Rentenversicherung und dort auch das Themen „Renteneintritt mit 69" behandelt, gibt darüber kaum Aufschluss. Bemerkenswert ist allerdings, dass das Wort Produktivität nicht ein einziges Mal vorkommt. Auch das obige Zitat ist darin nicht zu finden, auch nicht sinngemäß. In einer Fußnote heißt es zwar,

---

32 Ab 1. Juli 2014 können Versicherte, die 45 Jahre und mehr gesetzlich rentenversichert waren, schon ab 63 Jahren ohne Abschläge in Rente gehen. Ab Jg. 1953 steigt diese Altersgrenze für die abschlagsfreie Rente wieder schrittweise an. Für 1964 oder später Geborene liegt sie dann bei 67 Jahren.

„dass ab dem Jahr 2030 die Pro-Kopf-Löhne (bei demografiebedingt rückläufigem Beschäftigungsstand) pro Jahr nominal um 3% steigen ..."

und

„mit einer erwarteten Inflationsrate von unter, aber nahe 2% impliziert dies ein jahresdurchschnittliches reales Lohn- und Wirtschaftswachstum von knapp 1% ...",

was aber über die Produktivitätsentwicklung nichts aussagt. Es ist – mit Verlaub – ökonomischer Unfug. Wie soll es möglich sein, aus der Inflationsrate und der Lohnsteigerung, ob real oder nominal, auf das Wirtschaftswachstum, also die reale Zunahme des BIP, zu schließen? Es ist eher umgekehrt: Wirtschaftswachstum bedeutet mehr Nachfrage an Arbeitskräften, was zu höheren Löhnen führen könnte, nicht muss. Deshalb ist obige Behauptung der Bundesbank etwa so sinnlos wie die Aussage: Durch die durchschnittliche Preiserhöhung aller Modelle eines Autobauers um vier Prozent und die Lohnsteigerung um drei Prozent erhöht sich die Menge der produzierten Autos um X Prozent. Salopp formuliert sieht es so aus, als wäre eine inkompetente studentische Hilfskraft als Praktikant bei der Bundesbank mit dieser Aufgabe befasst gewesen.

Da die Deutsche Bundesbank eine wichtige und seriöse Institution ist, berichteten alle Medien darüber und sorgten damit für Irritationen.

Wenn wir einmal von der Rate der durchschnittlichen jährlichen Produktivitätssteigerung ausgehen, welche die Bundebank näherungsweise nennt, sagen wir von 1,05 Prozent, lässt sich in einer Modellrechnung das folgende Zahlenwerk entwickeln (s. folgende Tabelle). Dabei beziehen wir – wie auch die Bundesbank – die Produktivität der Einfachheit halber auf die Erwerbsfähigen im Alter von 21 bis 65 Jahren (mangels Zahlen der Entwicklung der Erwerbstätigen), genauer: Produktivität gleich BIP pro Kopf dieser Altersgruppe.

Jahr	BIP je Erwerbs-fähigen*) (Produktivität)		Durchschnittlicher Jahresverdienst (real)				BIP pro Kopf (real)		Rentenausgaben**)		
	€/Jahr	Zuwachs vs. 2015	brutto €/Jahr	Zuwachs vs. 2015	netto° €/Jahr	Zuwachs vs. 2015	€/Jahr	Zuwachs vs. 2015	Mrd. €	in % vom BIP	***)
Spalte	1	2	3	4	5	6	7	8	9	10	11
2015	61.260		32.643		26.539		37.207		249,5	8,2%	18,7%
2020	64.544	5,4%	34.393	5,4%	27.623	4,08%	38.744	4,1%	276,8	8,7%	19,7%
2030	71.651	17,0%	38.180	17,0%	28.313	6,69%	39.700	6,7%	370,6	11,4%	25,8%
2040	79.540	29,8%	42.384	29,8%	29.520	11,23%	42.618	14,5%	451,0	13,4%	30,4%
2050	88.297	44,1%	47.050	44,1%	31.841	19,98%	47.143	26,7%	514,9	14,2%	32,3%
2060	98.019	60,0%	52.231	60,0%	33.360	25,70%	50.846	36,7%	595,7	15,9%	36,1%

*) Alter von 21 - 65 Jahre

°) vor Steuern, nach Sozialbeiträgen

**) inkl. Knappschaftsrenten; steigen wie die Bruttoverdienste ; Renteneintrittsalter durchgängig 65 Jahre
Annahme 1: steigen außerdem wie der Anteil der über 65-Jährigen an der Bevölkerung

***) Beitragssätze; Annahme 2: Diese entwickeln sich proportional zu Spalte 10

Erläuterung der Tabelle: Der Produktivitätsfortschritt bis 2060 beträgt 60 Prozent[33], während der Wohlstand (BIP pro Kopf) wegen der Verschiebung der Altersstruktur real nur um knapp 37 Prozent zunimmt, obwohl sich die Belastung durch die Rentenfinanzierung verdoppelt; aber das muss nicht schrecken. Denn Nettojahresverdienst und Jahresrente steigen real bis 2060 um fast 26 Prozent, und zwar ohne Erhöhung des Renteneintrittsalters über 65 Jahre hinaus – allein durch den Produktivitätsfortschritt. Es können also alle zufrieden sein.

Damit kann man sagen, dass auch die Deutsche Bundesbank den Einfluss des Produktivitätsfortschritts für die Rentenfinanzierung nicht erkannt hat, allerdings ohne explizit in die Demografiefalle getappt zu sein.

Auch in dem SPIEGEL-Artikel „Das 600-Milliarden-Ding" (s. S. 3), der auf einer Studie des *Prognos-Instituts*[34] fußt, ging es um das Rentenniveau.

Aus den spärlichen Zahlenangaben von *Prognos* (1,3 Prozent reales BIP-Wachstum, 596 Milliarden Euro Kosten, Beitragssatz zur Rentenversicherung von 26,6 Prozent im Jahre 2040) lässt sich die folgende Tabelle entwickeln.

Jahr	BIP in Mrd. €	Bevölke-rung in Mio.	BIP/ Kopf in €	Bruttojah-resver-dienst in €	Rentenversiche-rung Bei-trags-satz	Rentenversiche-rung Jahres-beitrag in €
2015	3.026	81,3	37.207	32.643	18,7%	6.104
2020	3.229	82,0	39.395			
2030	3.674	80,9	45.399			
2040	4.180	78,9	52.976	46.478*)	26,6%	12.363
2015 - 2040	92.914					

Veränderung 2040 zu 2015: 13.835 +42%   6.259 +42%

*) Annahme: steigt wie das BIP/Kopf

33 $= (100 + 1{,}05)\%^{(2060 - 2015)} - 100\% = 60{,}0\%$.
34 Prognos AG Europäisches Zentrum für Wirtschaftsforschung und Strategieberatung, Berlin.

Das jährliche BIP-Wachstum soll laut *Prognos* im Wesentlichen aus dem Produktivitätsfortschritt kommen. Die Erhöhung des Beitragssatzes zur Rentenversicherung von gegenwärtig 18,7 Prozent auf 26,6 Prozent im Jahre 2040 sei erforderlich, wenn das Rentenniveau stabil gehalten werden soll.

Die 596 Milliarden Euro Stabilisierungskosten verlieren im Übrigen ihren Schrecken, wenn man sie ins Verhältnis zu dem kumulierten BIP von 2015 bis 2040 (93 Billionen Euro) setzt, wie es entsprechend dem angenommenen Produktivitätsfortschritt von etwa ein Prozent p.a. möglich ist: nämlich nur 0,64 Prozent. Auch der Beitragssatz von 26,6 Prozent sollte kein Problem sein, da der Bruttojahresverdienst absolut deutlich stärker wachsen wird als der Jahresbeitrag zur Sozialversicherung. Es kommt also nicht zu Wohlstandsverlusten, wenn man davon ausgeht, dass die Lohnsteuern relativ nicht wesentlich erhöht werden.

Die Rechnung von *Prognos* liegt uns im Detail nicht vor. Doch man kann die oben nachvollzogene Modellrechnung weiterentwickeln. Bezieht man das BIP auf die erwerbsfähige Bevölkerung, wie sie das Statistische Bundesamt in verschiedenen Varianten vorausberechnet hat, dann ergibt sich aus den vorhandenen Daten einer als sehr wahrscheinlich anzunehmenden Variante ein durchschnittlicher jährlicher Produktivitätsfortschritt von 1,9 Prozent. Dabei wird die erwerbsfähige Bevölkerung als die Menschen im Alter von 21 bis 65 Jahren definiert. D.h.: Das Renteneintrittsalter wird mit 65 Jahren konstant gehalten. Während in der IW-Studie die Sicherung der Renten durch die Heraufsetzung des Renteneintrittsalters auf bis zu 73 Jahren bewirkt werden soll, sind es hier die 596 Milliarden Stabilisierungskosten (Erhöhung der Beiträge zur Rentenversicherung[35] und des steuerfinanzierten Bundeszuschusses[36]), welche die Finanzierbarkeit der Altersrenten sicherstellen sollen. Es ergeben sich folgende Zahlen.

---

35 Laut SPIEGEL 460 Milliarden Euro.
36 Laut SPIEGEL über 130 Milliarden Euro.

Jahr	Anteil Er-werbsfähi-ge*)	BIP je Er-werbs-fähi-gen in €	Produktivitätsfortschritt		
			im Jahr	Durchschnitt	
2015	60,70%	61.260		der Jahre	
2020	60,00%	65.628	1,60%	1,30%	2016 - 2020
2030	55,40%	81.937	2,40%	2,30%	2021 - 2030
2040	53,60%	98.875	1,40%	1,90%	2031 - 2040

*) Anteil der 21- bis 65-Jährigen an der Bevölkerung (Erwerbspotenzial)

Damit lässt sich folgendes Fazit für das „600-Milliarden-Ding" ziehen:

Bei einem durchschnittlichen Produktivitätsfortschritt von 1,9 Prozent je Jahr kann trotz der schwierigen demografischen Entwicklung (schrumpfende Bevölkerung, gleichzeitig sinkender Anteil der erwerbsfähigen Bevölkerung) und trotz der Kosten des „600-Milliarden-Dings" eine Steigerung des Wohlstands (BIP pro Kopf) erreicht werden. Das gilt auch für die Rentner. Denn das gegenwärtige Rentenniveau soll ja beibehalten werden; die Anpassung der Renten folgt der Bruttoverdienstentwicklung. Wie letzteres geregelt ist, sagt die Rentenanpassungsformel[37] im Sozialgesetzbuch (SGB).

---

37 Für alle, die es genau wissen wollen (Hervorhebung durch uns), hier beispielhaft für das Jahr 2012:

§ 68 SGB VI Aktueller Rentenwert*)

(5) Der nach den Absätzen 1 bis 4 anstelle des bisherigen aktuellen Rentenwerts zu bestimmende neue aktuelle Rentenwert wird nach folgender Formel ermittelt:

$AR_t = AR_{t-1} \times BE_{t-1} / BE_{t-2} \times (100 - AVA_{2012} - RVB_{t-1}) / (100 - AVA_{2012} - RVB_{t-2}) \times ((1 - RQ_{t-1} / RQ_{t-2}) \times a + 1)$

Dabei sind:

AR_t = zu bestimmender aktueller Rentenwert ab dem 1. Juli,

AR_{t-1} = bisheriger aktueller Rentenwert,

BE_{t-1} =	Bruttolöhne und -gehälter je Arbeitnehmer im vergangenen Kalenderjahr,
BE_{t-2} =	Bruttolöhne und -gehälter je Arbeitnehmer im vorvergangenen Kalenderjahr unter Berücksichtigung der Veränderung der beitragspflichtigen Bruttolöhne und -gehälter je Arbeitnehmer ohne Beamte einschließlich der Bezieher von Arbeitslosengeld,

AVA_{2012} = Altersvorsorgeanteil für das Jahr 2012 in Höhe von 4 vom Hundert,

„Die Rente ist sicher."

Wir hoffen, deutlich gemacht zu haben, dass dieser legendäre Satz von *Norbert Blüm*, seinerzeit Bundesminister für Arbeit und Sozialordnung in der Regierung von *Helmut Kohl*, ausgesprochen im Wahlkampf 1986 und wiederholt 1997 im Deutschen Bundestag auch heute noch aktuell und gültig ist. Allerdings dürfte Norbert Blüm dabei kaum den Produktivitätsfortschritt als entscheidenden Faktor im Sinn gehabt haben.

Unsere in diesem Zitat zum Ausdruck kommende Überzeugung kann sich darauf stützen, dass der Produktivitätsfortschritt ein zuverlässiges Geschehen ist, und zwar, seit Menschen anfingen zu produzieren:

- Anfangs, vor etwa 1,8 Millionen Jahren, mit dem steinzeitlichen Faustkeil, einem der ersten Werkzeuge und damit Produktionsmittel des Menschen;
- nennenswert aber erst seit gut 20 000 Jahren, als aus Jägern und Sammlern Ackerbauern und Viehzüchter wurden – ein Evolutionsschritt, der dem *Homo sapiens* endgültig eine von Tieren abgegrenzte Sonderstellung verlieh;
- dann, seit der *Ersten Industriellen Revolution* vor rund 250 Jahren, zunehmend mit Maschinen, nachdem mit der *Dampfmaschine* eine neuartige Antriebskraft verfügbar war;
- seit der *Zweiten Industriellen Revolution* ab Ende des 19. Jahrhunderts durch Nutzung von Elektrizität und Verbrennungsmotor als Antriebe;
- seit 1913 mit dem Fließband, eingeführt durch den Autopionier *Henry Ford*, über dessen Einschränkung *„Sie können jede Farbe haben, vorausgesetzt, sie ist schwarz."* wir inzwischen weit hinaus sind.[38]

RVB_{t-1} = durchschnittlicher Beitragssatz in der allgemeinen Rentenversicherung im vergangenen Kalenderjahr,
RVB_{t-2} = durchschnittlicher Beitragssatz in der allgemeinen Rentenversicherung im vorvergangenen Kalenderjahr,
RQ_{t-1} = Rentnerquotient im vergangenen Kalenderjahr,
RQ_{t-2} = Rentnerquotient im vorvergangenen Kalenderjahr.
) aktueller Rentenwert, z.B. für 2016:
bis 30.6.2016 monatlich 29,21 Euro West und 27,05 Euro Ost
ab 1.7.2016 monatlich 30,45 Euro West und 28,66 Euro Ost
Die monatliche Rentenhöhe ergibt sich nach der Formel
Entgeltpunkte x Zugangsfaktor x Aktueller Rentenwert x Rentenartfaktor.

38 *„Any customer can have a car painted any colour that he wants so long as it is black"*, soll Ford über das von ihm produzierte legendäre T-Modell gesagt haben.

- und heute mit Robotern und automatisierten, digital gesteuerten und vernetzten Prozesstechniken (Stichwort „Industrie 4.0").

Dies sind nur einige, aber sehr wichtige Meilensteine in der Geschichte es Produktivitätsfortschritts.

Und in Zukunft? Wir sind überzeugt, dass sich die so genannte digitale oder auch *Vierte Industrielle Revolution* erst in ihrer Anfangsphase befindet und einen ähnlich großen Produktivitätsfortschritt erzeugen wird wie die *Erste Industrielle Revolution*, deren markantestes Symbol die Dampfmaschine ist.

„Arbeit 4.0" – die Zukunft der Arbeitswelt

Im Kontext dieses Beitrags über *Altersversorgung durch Produktivitätsfortschritt* sind Arbeitsmarkt und Digitalisierung unter folgenden Aspekten zu betrachten:

- Die digitale Revolution wird gravierende Auswirkungen auf den Arbeitsmarkt haben. Der durch Digitalisierung bewirkte Produktivitätsfortschritt wird in erheblichem Umfang Arbeitsplätze „vernichten". Damit stellen sich die Fragen: Wie viele? Wo? Und inwieweit können neue Arbeitsplätze geschaffen werden? Dazu später mehr.
- Die Beiträge zur Rentenversicherung wurden bisher am Arbeitsmarkt verdient, von den Beschäftigten und den Unternehmen gleichermaßen. Das bedeutet: Die Beschaffung der Mittel zur Finanzierung der Renten ist weitgehend an die Existenz von Arbeitsplätzen geknüpft. Kann das so bleiben, wenn immer mehr Arbeitsplätze verschwinden? Was ist die Alternative? Auch dazu später mehr.

Die zwei großen Felder der Digitalisierung

Digitale Revolution – da denken viele zunächst an das *Silicon Valley*, an *Microsoft, Amazon, Apple, Facebook* & Co. Aber: *„Das Silicon Valley ist nicht das Mekka der Informationstechnik. Es ist das Mekka lediglich der Office- und Consumer-Electronics, Smartphones, Laptops, Powerpoints, Excels, Google, Facebook, Instagram – allesamt Informationstechnologien für Büroarbeit und Entertainment"* schrieb Sandro Gaycken, Direktor des Berliner Digital Society Institute der European School of Management and Technology (ESMT), im November 2016 im HANDELSBLATT. Auf diesen Feldern liegen die USA weit vorne. Das ist das eine große Feld der Digitalisierung. Der von Politikern immer wieder versprochene flächendeckende *Breitbandausbau* (*schnelles Internet*) gehört auch in diesen Bereich. Der ist sicher auch wichtig, aber aus dem Blickwinkel der Produktivitätssteigerung nur ein „Nebenkriegsschauplatz". Viel wichtiger für den Produktivitätsfortschritt ist das andere große Feld, das der digitalen Prozesssteuerung und -automatisierung, namentlich der *Robotik* im weitesten Sinne. Diesem Feld wollen wir uns im Folgenden zuwenden.

Wo steht Deutschland auf diesem Gebiet? Bei der Informationstechnik *„in hochkomplexen, sensiblen und stabiliätsbedürftigen Großtechnologien wie Maschinen, Kraftwerken, Autos, Waffen und Flugzeugen sind ... die Deutschen tatsächlich die Innovationssupermacht"* schrieb Gaycken weiter. Und die Deutschen sind öfter als die USA Patentinhaber[39], haben das besser ausgebildete Fachpersonal und deshalb auch das bessere Verständnis hochkomplexer Technologien. Doch wenn das so bleiben soll, muss die deutsche Industrie aufpassen. Denn *Google*, *Amazon* und *Apple* breiten sich mehr und mehr in anderen Geschäftsfeldern aus, z.B. in der Elektromobilität. In Deutschland arbeiteten 2015 mit fast einer Millionen Beschäftigten in der Informations- und Kommunikationstechnik (IKT) mehr Menschen als in der Automobilindustrie und etwa genau so viele wie im Maschinenbau. Bei *Industrie 4.0* sehen viele deutsche Unternehmen der mittelständisch geprägten Industrie einen Strukturvorteil und spielen ganz

---

39 Ganz generell für die Innovationskraft eines Landes stehen die Patentanmeldungen, bei denen Deutschland einen hervorragenden Rang einnimmt (s. Forts. nächste S.):

Patentanmeldungen (PA)
der Europäischen Patent-Organisation (EPO)*) 2016

Land	USA	**Deutschl.**	Japan	China	Südkorea	Sonstige
Anteil	25%	**16%**	13%	5%	4%	37%
Rang	*1*	*2*	*3*	*4*	*5*	
PA/100.000 Einwohner	1.527	**3.849**	2.040	71	1.552	
Rang	*4*	*1*	*2*	*5*	*3*	

*) Sitz beim *Europäischen Patentamt* (EPA) in München.

vorne mit. Und das ist die Digitalisierung, wie sie in erster Linie für den Produktivitätsfortschritt gebraucht wird, nämlich die *Robotik*.

Insofern zielt das Projekt **Cyber Valley** genau in die Richtung der Fähigkeiten, die zur Förderung des Produktivitätsfortschritts in der Wirtschaft gebraucht werden. Dieser Forschungsverbund formuliert sein Selbstverständnis so:

> „Cyber Valley bündelt die Forschungsaktivitäten von internationalen Key-Playern aus Wissenschaft und Industrie auf dem Gebiet der Künstlichen Intelligenz. Gefördert durch das Land Baden-Württemberg werden die Cyber Valley-Partner neue Forschungsgruppen und Lehrstühle auf den Gebieten Maschinelles Lernen, Robotik und Computer Vision schaffen und in einem neuen Zentrum in der Region Stuttgart-Tübingen zusammenführen. Zudem werden in einer neuen und weltweit einzigartigen Graduiertenschule für Intelligente Systeme in den kommenden Jahren 100 Doktoranden ausgebildet."

Die Projektpartner sind auf staatlicher Ebene das Land *Baden-Württemberg*, die *Universitäten Stuttgart* und *Tübingen* sowie die *Max Planck-Gesellschaft*, die zwar ein privatrechtlicher Verein ist, aber im Wesentlichen von der öffentlichen Hand finanziert wird. Auf privatwirtschaftlicher Ebene sind die Autobauer *BMW* und *Daimler* sowie die Autozulieferer *Bosch* und *ZF Friedrichshafen*, Spezialist für Antriebs- und Fahrwerkstechnik, *Facebook* (!) und seit Oktober 2017 auch *Amazon* (!) die Partner. Wir würden uns wünschen, dass im Laufe der Zeit auch Unternehmen außerhalb des Automobilbaus eine Partnerschaft mit *Cyber Valley* eingehen.

Deutschland ist der weltweit fünftgrößte Robotermarkt nach China, Südkorea, Japan und USA sowie mit Abstand der größte in Europa, wo der Umsatzanteil der Neuinstallationen 36 Prozent (2016; EU-BIP-Anteil 21%) betrug.

Bei der Roboterdichte pro 10.000 Mitarbeiter liegt Deutschland weltweit auf Rang 3[40].

---

40 **Robotereinsatz in der produzierenden Industrie 2016**

Land	Südkorea	Singapur	**Deutschl.**	Japan	USA	China
Rang	*1*	*2*	*3*	*4*	*7*	*22*
Roboterdichte*)	631	488	309	303	189	68

*) Anzahl Roboter je 10.000 Beschäftigte.

Deutschland nimmt gemäß der Studie *Data & Analytics – Trends 2017* in drei von vier Bereichen der Nutzung von **Big Data** weltweit Rang 1 ein: beim Einsatz von *Datenanalysen*, der digitalen *Transformation* (Veränderungen von Alltagsleben, Wirtschaft und Gesellschaft durch Verwendung digitaler Technologien sowie deren Auswirkungen) und dem *Data Warehousing* (optimierte zentrale Datenbanken).

Auch auf dem Gebiet der technischen *Sensorik*, ohne die digitale Automatisierung kaum möglich wäre, ist Deutschland gut aufgestellt. Sensoren sind als Messfühler, Zustands- oder Bewegungserfasser die Bindeglieder zwischen der meistens analogen Umwelt und der digitalen Maschine.

Ganz im Gegensatz zur Privatwirtschaft besteht in der öffentlichen Verwaltung erheblicher Nachholbedarf bei der Digitalisierung.

Zur voraussichtlichen Entwicklung des Arbeitsmarktes

Zur Abschätzung der Entwicklung des Arbeitsmarktes wurde im Auftrag des Bundesministeriums für Arbeit und Soziales (BMAS) eine Studie durchgeführt[41] mit dem etwas sperrigen Titel *Arbeitsmarkt 2030 – Wirtschaft und Arbeitsmarkt im digitalen Zeitalter – Prognose 2016*. Wir werden diese Studie im Folgenden als „BMAS-Studie 2030" ansprechen.

Darin wurde neben einem *Basisszenario* ein weiteres simuliert: das Szenario *Beschleunigte Digitalisierung*. Im Unterschied zum Basisszenario *„setzen Wirtschaft und Politik auf die intensive Nutzung der digitalen Technik, um damit sowohl die industrielle Wettbewerbsfähigkeit auf den Weltmärkten zu sichern und auch die Produktivität der Arbeit zu steigern"*. Da wir dieses Szenario für das wahrscheinlichere halten, werden wir uns im Folgenden nur mit diesem beschäftigen. Angesichts der hochdifferenzierten Betrachtung von *„44 Wirtschaftszweigen, 147 Berufen und 29 Kategorien der fachlichen Berufsbildung"* und des damit verbun-

---

41 Ausgeführt durch das Münchener Beratungsunternehmen „Economix® Research & Consulting - Kurt Vogler-Ludwig & Partner" unter Mitwirkung von Cambridge Econometrics (Cambridge, United Kingdom), des Fraunhofer-Instituts für Arbeitswirtschaft und Organisation (Fraunhofer IAO), des Instituts für Sozialwissenschaftliche Forschung (ISFMünchen) und des Zentrums für Europäische Wirtschaftsforschung (ZEW). – Also hochkarätig, seriös und äußerst umfangreich; allein die Kurzfassung ist 20 Seiten lang. Die Arbeiten erstreckten sich von 2011 bis 2016.

denen Datenvolumens kann das hier allerdings nur rudimentär und pauschal geschehen.

Die BMAS-Studie 2030 setzt insbesondere auf die *„Erwachsenenbildung als Säule der beruflichen Bildung"*: Davon ausgehend, dass die als wichtig angesehene Zuwanderung die fortschreitende Alterung der Erwerbsbevölkerung nicht aufhalten kann, heißt es: *„Dies kann bei einem Bildungssystem, das vorwiegend auf die berufliche Erstausbildung setzt, nicht nur zu Verwerfungen zwischen Arbeitsangebot und -nachfrage führen, sondern die Anpassung der Qualifikations- und Tätigkeitsprofile der Erwerbstätigen an den technischen und wirtschaftlichen Strukturwandel verlangsamen."* Dies sei vor allem im Szenario *„Beschleunigte Digitalisierung"* ein Hemmnis, *„das die gesamte Strategie in Frage stellt"*. Und weiter: *„Wenn Deutschland seine Wettbewerbsfähigkeit erhalten und die Anpassung an den globalen Strukturwandel erreichen will, sollte es die Erwachsenenbildung zu einer Säule seines beruflichen Bildungssystems machen."* Dem kann man nur beipflichten, wobei dies nicht nur Aufgabe des Staats, sondern auch der Wirtschaft sein sollte.

In der BMAS-Studie 2030 wird prognostiziert, dass die Zahl der Erwerbstätigen ohne qualifizierenden Abschluss zwischen 2014 und 2030 um zwei Millionen (-26%) abnehmen wird, ohne dass es zu einer nennenswerten Arbeitslosigkeit kommt. Denn das Szenario Beschleunigte Digitalisierung geht davon aus, dass sich die Zahl der Erwerbstätigen mit Hochschul- oder Fachhochschulabschluss im gleichen Zeitraum um 2,5 Millionen erhöhen wird. Das wäre eine Zunahme um 31 Prozent gegenüber den Erwerbspersonen dieses Qualifikationsniveaus im Jahre 2014. Das halten wir für unrealistisch, insbesondere in der kurzen Zeit von 16 Jahren. Woher sollen diese Menschen denn kommen? Es wird doch wohl kaum damit gerechnet werden können, dass zwei Millionen Menschen ohne qualifizierenden Abschluss durch welche Maßnahmen auch immer einen Hochschul- oder auch nur Fachhochschulabschluss erreichen. Konkret gefragt: Kann man einen Arbeiter, der am Fließband eines Schlachthofs zum Mindestlohn Schweine ausweidet oder Müllwerker, deren Arbeitsplätze durch Automatisierung verloren gehen, zu Ingenieuren oder wenigstens zu Facharbeitern für Metallbau ausbilden? Wohl die allerwenigsten. Insofern halten wir folgende Sätze aus der BMAS-Studie 2030 für illusorisches Wunschdenken. *„Die Herausforderung der beschleunigten Digitalisierungsstrategie wird darin bestehen, das Potenzial an gering ausgebildeten Arbeitskräften und Personen ohne Berufsabschluss zu mobilisieren. ... Es kommt also darauf an, einen möglichst hohen Anteil dieser Arbeitskräfte* *für die berufliche Bildung zu motivieren.*" Richtig ist aber, wenn es weiter heißt: „… *ist die erfolgreiche Integration der Flüchtlinge erforderlich. Vor allem ist aber die Verbesserung der beruflichen Bildung bereits im Arbeitsprozess stehenden Arbeitskräfte – unabhängig von ihrer Wanderungshistorie – unabdingbar.*"

2050 werden wir viele Fabriken haben, in denen – wenn überhaupt – nur noch sehr wenige Menschen arbeiten. Aber auch in der Landwirtschaft sowie im Dienstleistungsgewerbe, namentlich in der Transport- und Logistikbranche und bei einem großen Teil der Bürotätigkeiten, wird ein weitgehender Ersatz von Menschen durch Robotersysteme stattfinden, wie Carl Benedikt Frey und Michael Osborne von der Oxford University in einer Studie (2013) beschrieben haben. Sie kamen für die USA zu dem Ergebnis, dass 59 Prozent der Berufe durch Automatisierung gefährdet sind, davon über 80 Prozent bei Büro- und Hilfsarbeitskräften.

Das Bundesministerium für Arbeit und Soziales (BMAS) hat beim *Zentrum für Europäische Wirtschaftsforschung (ZEW)* eine Expertise erstellen lassen, inwieweit diese Zahlen auf Deutschland übertragbar sind. Ergebnis: In Deutschland arbeiten 42 Prozent der Erwerbstätigen in Berufen mit hoher Automatisierungswahrscheinlichkeit, was 18 Millionen gefährdeten Arbeitsplätzen entspricht – mehr als einem Drittel der Erwerbstätigen.

Bedrohte und kaum ersetzbare Berufe[42]

Bedrohte und kaum ersetzbare Berufe

Mit welcher Wahrscheinlichkeit der Mensch durch Computer und Maschinen ersetzt wird (in Prozent)[1]

Beruf	%	Beruf	%	Beruf	%
Telefonverkäufer	99	Nukleartechniker	85	Geschäftsführer	2
Näher	99	Motorradtechniker	79	Mikrobiologe	1
Uhrenreparateur	99	Zimmermann	72	Pharmazeut	1
Versicherungsgutachter	98	Busfahrer	67	Krankenschwester	<1
Bankkassierer	98	Bibliothekar	65	Förster	<1
Buchhalter	98	Pilot	55	Geistlicher	<1
Model	98	PC-Programmierer	48	Sporttrainer	<1
Zahntechniker	97	Ökonom	43	Kurator	<1
Koch	96	Schiffsingenieur	4	Personalberater	<1
Fremdenführer	91	Tierarzt	4	Zahnarzt	<1
Kranführer	90	Anwalt	4	Psychologe	<1
Technischer Redakteur	89	Sozialarbeiter	3	Choreograph	<1
Bäcker	89	Fotograf	2	Ernährungswissenschaftler	<1
Straßenbauarbeiter	87	Designer	2	Mundchirurg	<1
Immobilienverkäufer	86	Luftfahrtingenieur	2	Gesundheitsberater	<1

1) In den kommenden 20 Jahren.

Quelle: University of Oxford / F.A.Z.-Grafik Brocker

---

42   Quelle: University of Oxford / © F.A.Z.

Richtet man aber den Blick auf Tätigkeiten statt Berufe (z.B. nicht auf den Zimmermann, sondern seine Tätigkeit der Montage von Dachstühlen), sind nur fünf Millionen Arbeitsplätze oder 12 Prozent der Erwerbstätigen gefährdet. Und auch diese Zahl könnte noch zu hoch ausfallen, da das technische Potenzial meist überschätzt und die Anpassungsfähigkeit der Menschen meist unterschätzt werde. Insgesamt bleiben größere Gesamtbeschäftigungseffekte durch zukünftigen technologischen Wandel daher unwahrscheinlich, ist das Resümee des ZEW (vom BMAS „bestellter" Zweckoptimismus?).

Eine Studie der Beratungsgesellschaft *Deloitte* zur Automatisierungsfähigkeit der Schweizer Wirtschaft kommt zu einem ähnlichen Ergebnis wie Frey und Osborne, das von *Deutsche Wirtschafts- Nachrichten* 2016 veröffentlicht wurde. Auf den Punkt gebracht: *„Jeder zweite Arbeiter in der Schweiz ist künftig ein Roboter."*

Am 1. Februar 2017 verkündete *Achim Berg*, Präsident des IT-Verbands *Bitkom*, dessen Einschätzung, dass in Deutschland in den nächsten fünf Jahren 3,4 Millionen Arbeitsplätze, etwa 10 Prozent der sozialversicherungspflichtig Beschäftigten und fast acht Prozent aller Erwerbstätigen, durch Roboter und digitale Algorithmen verloren gehen werden.

Mögen all diese Prophezeiungen auch einen mehr oder weniger spekulativen Anteil haben, im Prinzip werden sie mehr oder weniger eintreffen mit der Folge einer wachsenden strukturellen Arbeitslosigkeit[43], ein Trend der schon lange zu beobachten ist. Wir denken, der Trend der Zunahme der strukturellen Arbeitslosigkeit wird sich weiter fortsetzen. Ein Grund dafür ist dieser: Die Anforderungsprofile der in Zukunft noch vorhandenen Arbeitsplätze werden weiter wachsen. Viele Menschen werden den steigenden Ansprüchen auch bei steigenden Anstrengungen im Bildungs- und Ausbildungswesen nicht mehr gewachsen sein, weil die angeborenen intellektuellen Fähigkeiten nicht wesentlich zunehmen werden, wenn überhaupt. Mag die evolutionäre Entwicklung des Menschen durchaus auch weiter gehen, wir werden es jedoch nicht merken. Schließlich hat die

---

43 Strukturell verlorene Arbeitsplätze sind solche, die durch zunehmende Arbeitsteilung – auch infolge einer fortschreitenden Globalisierung – und durch den Produktivitätsfortschritt durch Automatisierung wegfallen. Das ist ein Prozess, der schon seit Jahrzehnten beobachtet werden kann. Denn es gibt schon seit langem einen langfristigen Trend steigender Arbeitslosigkeit, wie die folgende Graphik in der Forts. dieser Fußnote auf der nächsten Seite zeigt.

Evolution Hunderte von Millionen Jahren gebraucht, um beim Menschen den heutigen Stand zu erreichen.

Der notwendige Umbau der Sozialsysteme

Wenn das alles so kommt, müssen unsere Sozialsysteme grundlegend umgebaut werden. Da die an einen Arbeitsplatz geknüpfte Pflicht zur Abführung von Beiträgen an die Sozialversicherung infolge von immer weniger Arbeitsplätzen zunehmend ins Leere läuft, müssen entweder die Finanzierung der Renten durch Steuern drastisch erhöht oder Sozialbeiträge dort erhoben werden, wo unverändert oder sogar steigend Wertschöpfung entsteht, bei den Unternehmen. Das wäre dann eine Art *Maschinensteuer*[44] oder als spezielle Form eine *Robotersteuer*. Der Nachteil wäre zweifelsoh-

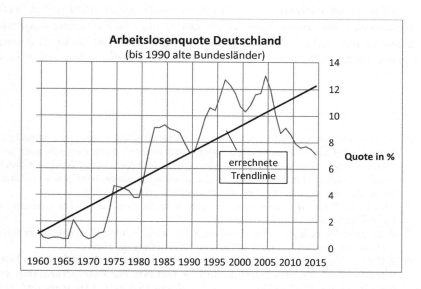

Der Eindruck, dass im Jahr 2005 eine Umkehr einsetzte, täuscht. Die Abwärtsbewegung hat damit zu tun, dass sich Deutschlands Wirtschaft in dieser Zeit sehr gut entwickelt hat, insbesondere durch hohe Exportüberschüsse und die Einführung der *Hartz*-Reformen ab 1. Jan. 2005. Einen ähnlichen Trend gibt es in allen westlichen Industrieländern.

44 Die Idee ist nicht neu; sie wurde bereits in den 1970er- und 1980er-Jahren in Deutschland und Österreich auch unter dem Begriff *Wertschöpfungsabgabe* diskutiert.

ne ein bremsender Einfluss auf den Produktivitätsfortschritt. Jedenfalls wird das Thema in etlichen Ländern diskutiert, auch in Deutschland. *„Die Maschinensteuer ist die hässliche kleine Schwester des Grundeinkommens."* schrieb z.b. Guido Bohsem im Juli 2016 in der Süddeutschen Zeitung. Zum Grundeinkommen kommen wir noch.

Auf Dauer kann der Staat – und sollte das auch nicht wollen – die strukturell arbeitslos gewordenen Menschen einem Schicksal überlassen, das in einer *Hartz IV-* oder *„Grundsicherungs"*-Existenz[45] besteht. Das entspräche nicht dem Sozialstaatsgebot des deutschen Grundgesetzes sowie der darin verankerten Unantastbarkeit der Menschenwürde (Art. 1 Grundgesetz[46]).

Die Lösung könnte ein *Bedingungsloses Grundeinkommen*[47] oder ein ähnliches sozialpolitisches Instrument sein, wofür es inzwischen eine Reihe prominenter Befürworter gibt[48], zum Teil ebenfalls aus den dargelegten Gründen.

„Ohne Grundeinkommen wird es früher oder später nicht gehen, weil wir einfach keine andere Wahl haben. Der technische Fortschritt frisst zunehmend die guten Jobs weg. Der britische Ökonom John Maynard Keynes sagte 1928, dank des technischen Fortschritts müsse 2028 nie-

---

45 „Grundsicherung" ist in Deutschland eine aus Steuergeldern finanzierte Sozialleistung, die das Sozialversicherungssystem (unter anderem Rentenversicherung und Arbeitslosenversicherung) ergänzt. Im dafür maßgeblichen Sozialgesetzbuch (SGB) handelt es sich um Sozialhilfeleistungen nach dem SGB XII sowie Arbeitslosenunterstützung und -förderung nach dem SGB II.

46 Abs. 1: *Die Würde des Menschen ist unantastbar. Sie zu achten und zu schützen ist Verpflichtung aller staatlichen Gewalt.*

47 Bedingungslos bedeutet: ohne Bedürftigkeitsnachweis, ohne Anrechnung anderer Einkommensquellen, „einfach so" und im Prinzip für jedermann.

48 **Z.B.** *Götz Werner* **(Gründer der** *dm-***Drogeriemarktkette, Okt. 2003–Sept. 2010 leitender Professor des Interfakultativen Instituts für Entrepreneurship an der Universität Karlsruhe),** *Thomas Straubhaar* **(Schweizer Ökonom und Migrationsforscher, Professor für Internationale Wirtschaftsbeziehungen an der Universität Hamburg),** *Timotheus Höttges,* **(Chef der Telekom Deutschland GmbH),** *Sascha Liebermann* **(Professor für Soziologie an der Alanus Hochschule für Kunst und Gesellschaft),** *Milton Friedman* **(1912 – 2006, US-amerikanischer Ökonom),** *Ralf Dahrendorf* **(1929 – 2009, Baron, deutsch-britischer Soziologieprofessor und Publizist, MdB, parlamentarischer Staatssekretär im Auswärtigen Amt, EU-Kommissar, Direktor der London School of Economics and Political Science, Mitglied des britischen House of Lords.).**

mand mehr arbeiten, um seine Existenz zu sichern. "[49] Das sind die Worte des US-Ökonomen *Robert Bernard Reich*[50], denen wir durchaus zustimmen. Damit sagt er auch, dass Arbeitslosigkeit, wenn auch nicht im materiellen Sinne, durchaus als Gewinn angesehen werden kann.

Altenpflege und Altersmedizin

Es bleibt noch zu ergänzen, dass die für die Altersversorgung dargestellten Überlegungen auch für die Altenpflege und die medizinische Versorgung gelten, deren Bedarf wegen des Demografischen Wandels dramatisch zunehmen wird.

Beispiel Pflege:

Die Zahl der Pflegebedürftigen wird sich demografiebedingt bis 2060 gegenüber 2015 um 2/3 von 2,9 auf 4,8 Millionen Menschen erhöhen. Ihr Anteil an der Bevölkerung wird sich von 3,5 Prozent auf 7,1 Prozent verdoppeln (s. folgende Tabelle).

Pflegebedürftige in Mio.

im Jahr ...	2015	2030	2045	2060	2060/2015
< 90 Jahre	0,5	0,9	1,2	1,8	+ 260%
≥ 90 Jahre	2,4	2,7	3,3	3,0	+ 25%
Insgesamt	**2,9**	**3,6**	**4,5**	**4,8**	**+ 66%**
% d. Bevölk.	**3,5%**			**7,1%**	

49 *John Maynard Keynes* (1883 – 1946), britischer Wirtschaftswissenschaftler und der vielleicht bedeutendste Ökonom des 20. Jahrhunderts, veröffentlichte 1930 einen weitsichtigen Aufsatz mit dem Titel "Economic Possibilities for Our Grandchildren". Darin sagte er voraus, bis 2028 werde sich der Lebensstandard in Europa und den USA so verbessert haben, dass sich niemand mehr Sorgen um's Geldverdienen machen muss. Das war Keynes' Einschätzung von 100 Jahren Produktivitätsfortschritt.

50 Professor für öffentliche Politik an der Goldman School of Public Policy der University of California, Berkeley, 1993 bis 1997 US-Arbeitsminister in der Regierung von Präsident Bill Clinton.

Dr. Klaus Opfermann

Einige Bemerkungen zur Akzeptanz der These der Rentenfinanzierung durch Produktivitätsfortschritt

Der Autor dieses Beitrags beschäftigt sich seit über 10 Jahren mit dem Thema *Sicherstellung der Altersversorgung unter den Bedingungen des Demographischen Wandels* und hat seinen Lösungsansatz *Finanzierung durch Produktivitätsfortschritt* bereits mehrfach diversen Medien und auch Politikern unterbreitet. Aber niemand will die Botschaft hören oder verstehen. Vielleicht liegt es daran, dass der Übergang von der demographischen zu einer produktivitätsorientierten Betrachtung einem Paradigmenwechsel in der Rentendebatte gleich kommt, der für viele offenbar nicht nachvollziehbar ist.

Diejenigen, die die paradigmatische Denkwende nicht sehen können oder wollen, befinden sich allerdings in bester Gesellschaft; nicht nur der von Hans-Werner Sinn, sondern z.B. auch der von „Großökonomen" wie *Bernd Raffelhüschen*[51], der neben *Franz Ruland*[52] sogar als deutscher „Rentenpapst" gelten kann, oder *Marcel Fratzscher*[53]. Sie alle stehen für den Mainstream der Meinungen.

Die Ignoranz mag auch daran liegen, dass Produktivitätsprognosen deutlich schwieriger und unsicherer sind als demografische Prognosen. Diese, wie z.B. die 13. Bevölkerungsvorausberechnung des Statistischen Bundesamts von 2015, sind einigermaßen sicher. Denn die Menschen, die in 20 bis 30 Jahren ins Arbeitsleben eintreten, müssen zum größten Teil heute bereits geboren sein; und die Rentner von 2050 leben bereits heute.

---

51 Prof. Dr. Bernd Raffelhüschen, Institut für Finanzwissenschaft und Sozialpolitik der Albert-Ludwigs-Universität Freiburg.
52 Prof. Dr. Franz Ruland war von 1992 bis 2005 Geschäftsführer des Verbands Deutscher Rentenversicherungsträger (VDR) und von 2009 bis 2013 Vorsitzender des Sozialbeirats der Bundesregierung.
    Auch er gehört zu denen, die in der Erhöhung des Renteneintrittsalters die angebliche Lösung des Rentenproblems sehen. 2014 ist er aus Verärgerung über die „Rente mit 63" und die „Mütterrente" nach 45 Jahren Mitgliedschaft aus der SPD ausgetreten. Eine weiterhin steigende Arbeitsproduktivität betrachtet er lediglich unter dem Gesichtspunkt voraussichtlicher realer Lohn- und damit auch Rentensteigerungen.
53 Prof. Dr. Marcel Fratzscher, seit 2013 Chef des Deutschen Instituts für Wirtschaftsforschung (DIW) und Professor für Makroökonomie an der Humboldt-Universität Berlin.
    So geht das Statistische Bundesamt bei seiner 13. Bevölkerungsvorausberechnung (2015) in der Variante 2-A von nebenstehenden Annahmen aus.

Der größte demografische Unsicherheitsfaktor ist vermutlich der Wanderungssaldo.[54]

Bis zur Fertigstellung der Langfassung der Wettbewerbsarbeit für den *Siebten Johann Joachim Becher-Preis* im Januar 2017, die dem vorliegenden Beitrag zugrunde liegt, kannten wir in der deutschen Literatur nur einen – neben dem britischen Autor *Phil Mullan*[55] –, der ebenfalls seit vielen Jahren die gleichen Überlegungen angestellt und auch vielfach publiziert hat:

Professor *Gerd Bosbach* von der Hochschule Koblenz, der dort Mathematik, Statistik und Empirische Wirtschafts- und Sozialforschung lehrt.

[54]	*Demografische Komponente*	*Variante 2-A*
	Zusammengefasste Geburtenziffer (G)	G1 „annähernde Konstanz":
	Kinder je Frau	1,5
	Lebenserwartung bei Geburt (L)	L1 „moderater Anstieg":
	Jungen	84,7 Jahre
	Mädchen	88,6 Jahre

Forts. der Tab. mit den Wanderungssalden auf der nächsten Seite

Saldo der Außenwanderung (W)*)°)	W2015:
2016	750 000 Personen
2017	500 000 Personen
2018	400 000 Personen
2019	300 000 Personen
2020	250 000 Personen
2021 – 2060	200 000 Personen

*) Eine Abweichung von den angenommenen Zahlen würde nur 1,2 bis 1,3 Promille der Gesamtbevölkerung ausmachen.

°) Kumuliert ergibt sich von 2016 bis 2060 eine Nettozuwanderung von 10,2 Mio. Personen.

[55] Phil Mullan hat die Frage der Rentenfinanzierung so gestellt: *„Kann die Gesellschaft sich so viele alte Menschen leisten?"* Er zeigt am Beispiel Großbritannien: Sie kann. Das hat er ausgeführt in seinem bereits im Jahr 2000 erschienenen Buch *„The Imaginary Time Bomb: Why an Ageing Population Is Not a Social Problem"* („Die imaginäre Zeitbombe: Warum eine alternde Bevölkerung kein soziales Problem ist").

Inzwischen gibt es weitere Autoren, die die Bedeutung des Produktivitätsfortschritts für die Rentenfinanzierung erkannt haben, z.B. *Dierk Hirschel* und *Patrick Schreiner*, beide Gewerkschafter. Bezeichnend ist, dass diese Autoren nicht zu den großen Namen gehören. Ihre gleichwohl lesenswerten Beiträge finden sich in gekürzter Fassung im Anhang dieses Beitrags.

Interessengeleitete Negierung des Produktivitätsfortschritts als Lösung des Rentenfinanzierungsproblems?

Bemerkenswert ist, dass *Gerd Bosbach* angesichts der Tatsache, dass auch er mit seinen Überlegungen zur Rentenfinanzierung durch den Produktivitätsfortschritt kein Gehör findet, inzwischen zu verschwörungstheoretischen Betrachtungen neigt, welche die interessengeleitete Umtriebigkeit einer gewissen Finanz-Lobby beinhalten.

In der Tat, da könnte was dran sein. Denn die deutsche Versicherungswirtschaft hat ein Riesengeschäft gemacht mit Versicherungen, die 2002 zur privaten Absicherung der Altersvorsorge eingeführt wurden, weil angeblich die gesetzliche Rentenversicherung durch den demographischen Wandel unzureichend würde.[56] Es handelt sich um die *Riester-Rente* und der *Basisrente*, auch „*Rürup-Rente*" genannt.

Allein für die 10 Jahre von 2007 bis 2016 betrugen die Beitragseinnahmen für diese beiden Versicherungen insgesamt 66 Milliarden Euro. Kein Wunder, hat doch der Staat die Riester-Rente seit 2002 mit etwa 25 Milliarden Euro subventioniert.

Es gibt auch zu denken, dass namhafte Wirtschaftswissenschaftler sich in die Dienste von großen Versicherungen oder Finanzdienstleistern begeben haben und dort für das Alternativmodell der Rentenfinanzierung, die kapitalgedeckte Rente, werben, um z.B. die umstrittene Riester-Rente zu verkaufen. Möglicherweise ist es aber einfach nur so, dass diese Wirtschaftsprofessoren – wie so viele andere auch – den Produktivitätsfort-

---

56 Ende 2016 verzeichnete die deutsche Versicherungswirtschaft einen Bestand von 10,7 Millionen Riester-Renten-Verträgen. Die gesamten Beitragseinnahmen der 10 Jahre von 2007 bis 2016 betrugen 51,2 Milliarden Euro, davon 5,6 Mrd. € in 2016. Weniger erfolgreich war die Rürup-Rente („Basisrente"). Ende 2016 gab es 95,6 Tausend Verträge und Gesamtbeitragseinnahmen von 4,9 Milliarden Euro in den Jahren von 2007 bis 2016.

schritt beim Rententhema nicht „auf dem Schirm" haben und die kapitalgedeckte Altersvorsorge für die adäquate Lösung des Problems halten.
Seit geraumer Zeit wird das Thema Rentenfinanzierung mit dem Thema
Altersarmut verknüpft. Dazu veröffentlichte Rico Albrecht[57] im April
2016 einen Artikel mit dem Titel *„Kurz widerlegt: Altersarmut"*, in dem
er sogar vom Totschweigen des Produktivitätsfortschritts spricht. In diesem Artikel geht es aber nicht nur um die Altersarmut, sondern auch ganz
generell um die Rentenfinanzierung. Wir zitieren fast ungekürzt:

„Massenarmut im Alter durch demographischen Wandel" scheint das
Wunschthema für den Wahlkampf 2017 zu sein. Der medial-politische Kom-
plex könnte aber ebenso gut verkünden: *„Massenwohlstand im Alter durch
Produktivitätssteigerung"*, was isoliert betrachtet natürlich ebenso falsch ist.
Erst wenn man beide Faktoren einander gegenüberstellt, lassen sich realisti-
sche Prognosen wagen.

Egal wie und wieviel fürs Alter gespart wird – sei es umlagefinanziert durch
die gesetzliche Rentenversicherung oder kapitalgedeckt ... – grundsätzlich
gilt: Es kann immer nur das verteilt und verbraucht werden, was produziert
wird!

Produziert wird aber immer mehr – obwohl es demographischen Wandel
schon immer gab seit Bismarck 1889 die gesetzliche Rentenversicherung eingeführt hat. Das totgeschwiegene Thema heißt Produktivitätssteigerung! In
Deutschland stieg die Produktivität je Erwerbstätigenstunde zwischen 1991
und 2011 um 35 %. Es wird dank technologischem Fortschritt mit immer weniger Arbeit immer mehr produziert.

Wir werden also, wenn man nicht nur die Demographie isoliert betrachtet,
sondern auch die Produktivitätssteigerung berücksichtigt, den materiellen
Wohlstand unserer Gesellschaft nach aktuellem Stand der Prognosen auch
langfristig deutlich erhöhen. Das sagt jedoch nichts über das Verteilungsproblem aus. Und das lässt sich lösen, indem man nicht mehr hauptsächlich die
Arbeit, sondern auch die Maschinen (also das Kapital) und das Geldsystem ...
zur Finanzierung des Gemeinwesens heranzieht[58].

---

57 Rico Albrecht, Master of Science (M. Sc.), seit 2010 Mitglied der wissenschaftlichen Leitung der Wissensmanufaktur – Institut für Wirtschaftsforschung und Ge-
sellschaftspolitik, wo er sich schwerpunktmäßig den Themen Geldsystem, Staat
und Steuern befasst. Die Wissensmanufaktur ist ein internetbasiertes Projekt des
deutschen Unternehmers, Autors und Dozenten für Makroökonomie Andreas
Popp.
58 Bemerkenswert ist, dass auch Albrecht den Gedanken der „Maschinensteuer" auf-
greift (Textunterstreichung durch uns), den wir in dem Abschnitt über den notwendigen Umbau der Sozialsysteme (S. 24) ins Spiel gebracht haben.

Albrecht belässt es nicht bei verbalen Formulierungen, sondern liefert auch eine realistische Rechnung; auch die wollen wir ein wenig gekürzt widergeben:

> Laut Prognosen des Statistischen Bundesamts sinkt die Anzahl der Erwerbstätigen in Deutschland im Zeitraum 2020 bis 2060 innerhalb von jeweils 20 Jahren zwischen 10 und 21 % .... Gemäß dem ungünstigsten Szenario würden also 20 Jahre nach dem Basisjahr nur noch 79 % der ursprünglichen Erwerbstätigenzahl zur Verfügung stehen. Bei einem weiteren Anstieg der Arbeitsproduktivität je Erwerbstätigenstunde um ca. 35 % innerhalb von 20 Jahren (wie 1991 bis 2011 ...) wird selbst im ungünstigsten Szenario 20 Jahre später rund 7 % mehr produziert (im mittleren 14 % und im günstigsten Szenario 21,5 %). Da die Gesamtbevölkerung im selben Zeitraum um ca. 5 bis 10 % schrumpfen soll, ergibt sich je nach Szenario eine Steigerung der produzierten Gütermenge, die pro Kopf in Deutschland zur Verfügung steht, zwischen 12 und 35 %.

* * *

Fazit 1:

Die zukünftige Rentenfinanzierung
ist nur nachrangig ein demografisches Problem.
Sie ist in erster Linie eine Frage des Produktivitätsfortschritts.

Fazit 2:

Die digitale Revolution wird in Verbindung mit Robotik und Sensorik
den Produktivitätsfortschritt beflügeln.
Die in der Folge zu erwartenden Arbeitsplatzverluste
machen einen Umbau der Sozialsysteme erforderlich.

Anhang

Dierk Hirschel, Chefökonom der Gewerkschaft Ver.di [59], schrieb in der Frankfurter Rundschau vom 24. Oktober 2016, von uns gekürzt, folgendes:

> *Was in der Rentendebatte gern vergessen wird.*
> Die deutschen Gewerkschaften ... wollen, dass die gesetzliche Rente wieder vor Armut schützt und den Lebensstandard sichert. ... Dieser rentenpolitische Kurswechsel sei nicht bezahlbar, behaupten Arbeitgeberverbände und die Mehrheit der Ökonomenzunft. Wer die Alterung der Gesellschaft ignoriere, beute nur die Jüngeren aus.
>
> ... Heute versorgen drei Erwerbsfähige einen Rentner. In 44 Jahren kommen auf einen Rentner dann nur noch 1,6 arbeitsfähige Menschen. Führt die Alterung der Gesellschaft also zu höheren Versorgungslasten für die jüngere Generation?
>
> Nein! Denn in Zukunft werden weniger Erwerbstätige mehr produzieren. Technischer Fortschritt, eine effizientere Unternehmensorganisation und höhere Bildung sorgen dafür, dass die einzelnen Beschäftigten immer mehr Waren und Dienstleistungen erzeugen können. Seit mehr als 50 Jahren sinkt die jährliche Arbeitszeit und gleichzeitig steigt die Wertschöpfung pro Kopf. Dank dieser steigenden Arbeitsproduktivität können wir auch in Zeiten demografischen Wandels einen höheren Wohlstand genießen.
>
> Ein moderater jährlicher Anstieg der Arbeitsproduktivität um 1,4 Prozent würde mehr als ausreichen, um die Herausforderungen einer alternden Gesellschaft zu bewältigen. Dafür müsste nicht einmal die Erwerbsbeteiligung steigen. Die preisbereinigten Einkommen würden bis 2060 um 70 Prozent wachsen.
>
> Kurzum: Produktivität schlägt Demografie. Dadurch würde der Finanzierungsspielraum der gesetzlichen Altersvorsorge größer. Er wird aber nur genutzt, wenn die Reallöhne mindestens genau so stark zunehmen wie die Produktivität. Denn die Rentenkassen finanzieren sich über Beiträge auf die Arbeitseinkommen. Die Rentenfrage ist somit immer auch eine Verteilungsfrage. Allerdings verläuft der Verteilungskonflikt nicht zwischen Jung und Alt, sondern zwischen abhängig Beschäftigten und Unternehmen.

---

[59] Genau: Dr. Dierk Hirschel ist Gewerkschaftssekretär und Bereichsleiter für Wirtschaftspolitik, Europa und Internationales der Gewerkschaft ver.di.

Auch der Beitrag von *Patrick Schreiner*[60], zuerst publiziert im März 2017 auf seinem Blog annotazioni.de, deckt sich auf bemerkenswerte Weise weitgehend mit unseren Überlegungen, ohne dass wir einander kennen. Leider erschien Schreiners Beitrag erst nach Abschluss unseres als Wettbewerbsarbeit bei der *Johann Joachim Becher*-Stiftung eingereichten Buches (Januar 2017), das dieser Kurzfassung zugrunde liegt. Wir zitieren gekürzt:

Von wegen unbezahlbare Renten: Produktivität schlägt Demografie
von Patrick Schreiner

> Das arbeitgebernahe Institut der Deutschen Wirtschaft (IW) in Köln hat einst ... verbreitet: Wenn man das Rentenniveau stabilisieren und gleichzeitig den Beitragssatz nicht ansteigen lassen wolle, müsse das Renteneintrittsalter angehoben werden – und zwar bis 2041 auf 73 Jahre. Allerdings blenden die Kölner aus, dass 2041 die Produktivität sehr viel höher sein wird als heute. Diese Produktivitätsgewinne machen es möglich, das Rentenniveau zu stabilisieren, ohne das Rentenalter anheben zu müssen.

> Der demografische Wandel muss immer wieder herhalten, um die angebliche Nicht-Finanzierbarkeit einer lebensstandardsichernden Rente mit menschenwürdigem Renteneintrittsalter zu belegen. In ihrer Veröffentlichung „Wie lange arbeiten für ein stabiles Rentenniveau?" schreibt das IW Köln Ende Mai 2016:

> Ein stabiles Rentenniveau bei gleichbleibendem Renteneintrittsalter lässt sich nur zu Lasten der künftig Erwerbstätigen erreichen. Rente mit 67, ein stabiles Rentenniveau und beides bei gleichbleibenden Beitragssätzen – das ist politisches Wunschdenken, dem die Demografie einen Strich durch die Rechnung machen wird.

> ...

> Schon seit mindestens dem späten 19. Jahrhundert haben wir es der steigenden Arbeitsproduktivität zu verdanken, dass der Wohlstand in Mitteleuropa trotz demografischem Wandel wächst. Denn obwohl schon seit mindestens dem späten 19. Jahrhundert immer weniger erwerbstätige Menschen für immer mehr RentnerInnen aufkommen müssen, ist der Lebensstandard keineswegs geschrumpft. ...

> Nun gibt es in allen westlichen Industriegesellschaften eine Tendenz abnehmender Zuwächse bei der Arbeitsproduktivität. ... Ein Grund hierfür dürften

---

60 Dr. Patrick Schreiner ist ver.di-Gewerkschaftssekretär, Publizist und Träger des Forschungspreises der Alexander Rave-Stiftung, deren Zweck die Förderung von Aus- und Fortbildung in Wissenschaft, Forschung, Kunst und Kultur ist.

unter anderem vergleichsweise schwache Investitionen der Unternehmen und der öffentlichen Hand seit etwa den frühen 2000er Jahren sein. Zugleich gibt es zahlreiche Studien, die nahelegen, dass die Produktivität in den nächsten Jahren und Jahrzehnten wieder deutlich zunehmen könnte: Stichwort „Digitalisierung" und „Industrie 4.0".

Doch selbst wenn die Produktivität auf ihrem heutigen schwachen Niveau verbleiben sollte, wird sie ausreichen, um trotz demografischem Wandel eine lebensstandardsichernde Rente ohne höheres Renteneintrittsalter zu ermöglichen. Unterstellt sei für eine *Beispielrechnung* das Folgende:

Szenario 1

1. Die Arbeitsproduktivität wächst bis 2060 um 1,4 Prozent jährlich. (Dies entspricht der durchschnittlichen Zunahme seit 1991.)
2. Die Bevölkerung im arbeitsfähigen Alter (20 - 65 Jahre) schrumpft bis 2060 in jenem Umfang, den das Statistische Bundesamt prognostiziert, nämlich von fast 50 Millionen auf weniger als 38 Millionen Menschen. (Die Zahlen wurden der 13. Bevölkerungsvorausberechnung des Statistischen Bundesamts entnommen, Variante 2).
3. Spiegelbildlich entwickelt sich die Zahl der Über-65-Jährigen ebenfalls so, wie es das Statistische *Bundesamt prognostiziert, nämlich von etwa 16 Millionen auf über 23 Millionen.*
4. Die Erwerbsbeteiligung steigt nicht weiter an.
   Dies sind insgesamt eher vorsichtige Annahmen. Im Ergebnis ergibt sich bis 2060 dennoch ein realer Einkommenszuwachs von fast 70 Prozent: Das Bruttoinlandsprodukt pro Kopf der Gesamtbevölkerung steigt von 32.137 Euro (2010) auf 42.209 Euro (2040) und schließlich auf 53.973 Euro (2060).

Szenario 2

Man kann das Ganze auch umgekehrt betrachten und fragen: Wie hoch müsste die durchschnittliche jährliche Produktivitätssteigerung sein, damit die Auswirkungen des demografischen Wandels ausgeglichen werden und das Bruttoinlandsprodukt pro Kopf gleich bleibt? Die Antwort: Weniger als 0,4 Prozent. Dies ist ein niedriger Wert, der mehr als realistisch erscheint.

Wir haben das nachgerechnet mit den von Patrick Schreiner angegebenen und weiteren Daten der 13. Bevölkerungsvorausberechnung des Statistischen Bundesamts und können alle Ergebnisse bestätigen, wobei die Rechenmethodik der unseren sehr ähnlich ist.

Rechts das Rechentableau, in dem die schattierten Felder die von Patrick Schreiner genannten Zahlen und die zusätzlich stark umrandeten Felder die Rechenergebnisse sind.

Das Rechenmodell von Patrick Schreiner[°°]

Jahr	2010	2040	2060	2010–60

Bevölkerg.[°] in Mio.				
< 20 Jahre	15,0	13,2	12,0	Daten d. 13. Bevölke-rungs-vorausbe-rech. des Statist. Bundesamts
20 - 64 Jahre	49,7	42,3	37,9	
> 65 Jahre	16,8	23,4	23,2	
Gesamt	81,5	78,9	73,1	

Wirtschaftsdaten				
Szenario 1: *1,4% Produktivitätswachstum je Jahr*				
BIP/Kopf	32.137	42.209	53.973	+ 67,9%
Produktivität*)	52.700	78.730	104.101	
PF**) bis zum Jahr ...		1,35%	1,41%	1,37%
Szenario 2: *Das BIP/Kopf 2060 soll so groß sein wie 2010*				
BIP/Kopf	32.137		32.137	
Produktivität*)	52.700		61.985	
PF**)				0,33%

*) BIP/Erwerbsbevölkerung (20 - 64 Jahre)
**) Ø Produktivitätsfortschritt je Jahr
°) 13. Bevölkerungsvorausberechnung des Statistischen Bundesamts, Variante *Stärkere Zuwanderung*
°°) von uns nachempfunden

Aus der Diskussion

In der von Prof. Dr. Karl-Peter Sommermann moderierten Diskussion wurden vier unterschiedliche Fragestellungen erörtert. Zunächst ging es um die Frage, welche Personenkreise ein- und auswandern. Vermutet wurde, dass gut Ausgebildete Deutschland verlassen, genannt wurden Deutsche, die als Ärzte in der Schweiz arbeiten. Demgegenüber seien die Zuwanderer eher geringer qualifiziert. Prof. Dr. Schneider entgegnete, dass Deutschland insgesamt keinen „brain drain" erleide; eher könne man von einem „brain gain" sprechen. Außerdem komme die Zuwanderung ganz überwiegend aus dem europäischen Ausland. Im Übrigen seien Migranten in ihren Herkunftsländern in der Regel die aktivsten Personen und daher gerade dort eigentlich besonders benötigt. Prof. Schneider gab daher zu bedenken Migration stets unter vier Perspektiven zu betrachten, der Perspektive

- des Aufnahmelandes
- der aufnehmenden Gesellschaft
- der Migranten selbst und
- ihrer Herkunftsländer

Der zweite Fragenkomplex betraf die Solidarität in der Gesellschaft. Prof. Schneider regte an, besser von gesellschaftlichem Zusammenhalt zu sprechen. Dieser sei in Deutschland im Grunde gut, allerdings mit deutlichen Unterschieden zwischen Ost und West. Für den Zusammenhalt sei einerseits eine positive Zukunftserwartung der Menschen wichtig. Andererseits müsse das Vertrauen in die Funktionsfähigkeit der (öffentlichen) Institutionen gegeben sein. Frau Dr. Mangels ergänzte, dass auch die Möglichkeit zur zivilgesellschaftlichen Partizipation den Zusammenhalt stärken könne.

Ein drittes Thema waren die Auswirkungen des demografischen Wandels auf die öffentlichen Haushalte. Frau Dr. Mangels berichtete, dass vor allem im Bereich der technischen Infrastruktur bei Bevölkerungsverlusten deutliche Remanenzkosten zu beobachten seien. Als Beispiel wurde die örtliche Kanalisation genannt. Für andere Aufgabenbereiche gebe es jedoch keinen eindeutigen Zusammenhang. Prof. Schneider gab umgekehrt zu bedenken, dass der Zuzug in manche Städte und Regionen möglicherweise die noch größere Herausforderung für die kommunale Infrastruktur sei. Denn diese müsse im Hinblick auf einen größeren Nutzerkreis in vielen Bereichen erweitert werden.

Der Gedanke, öffentliches Handeln an Bedürfnissen, nicht an Standards auszurichten wurde zum Abschluss der Diskussion erörtert. Frau Dr. Mangels betonte, dass in Schweden nicht die Frage – anders als in Deutschland – gestellt werde, ob ein Ort überlebensfähig sei. Vielmehr mache man sich dort Gedanken, wie das Zusammenleben funktionsfähig gestaltet werden könne. Prof. Schneider betonte, dass starre Standards eine nachfrageorientierte Infrastrukturpolitik verhinderten. Als Beispiel nannte er die Versorgung mit Kinderbetreuungseinrichtungen.

Überhaupt sei es notwendig herkömmliche Denkmuster in Frage zu stellen. So gelte es sich Gedanken über die Endphase des Berufslebens zu machen. Viele Beschäftigte wünschten sich einen „weichen" Übergang in den Ruhestand, allerdings ohne einen „Gesichtsverlust" hinnehmen zu müssen. So könnten sie aus der aktiven Tätigkeit aussteigen, dafür aber als Wissensvermittler für Jüngere zur Verfügung stehen.

Zum Abschluss dankte Prof. Sommermann den Diskutanten sowie den Referenten.

Kurzdarstellung
Regionalstrategie Demografischer Wandel
der Metropolregion Rhein-Neckar

DEMOGRAFIE
PFLEGE GESUNDHEIT
MRN-VISION PFLEGE GESELLSCHAFT
VERBAND REGION RHEIN-NECKAR
DEMOGRAFISCHER WANDEL
BARRIEREFREI GESELLSCHAFT REGIONALENTWICKLUNG
METROPOLREGION RHEIN-NECKAR GENERATIONEN
BEVÖLKERUNGSSTRUKTUR SIEDLUNGSENTWICKLUNG PFLEGE

REGIONALSTRATEGIE

GESUNDHEIT HERAUSFORDERUNG DIGITALISIERUNG TECHNIK
EUROPÄISCHES FILMFESTIVAL DER GENERATIONEN LERNEN
INTEGRATION BETRIEBLICHES GESUNDHEITSMANAGEMENT
ALT & JUNG REGION MOBILITÄT

DEMOGRAFISCHER

NAHVERSORGUNG BILDUNG FACHKRÄFTE
VEREINBARKEIT VON BERUF UND FAMILIE
INKLUSION WISSENSMANAGEMENT BARRIEREFREI
KOMPETENZEN MUP@MRN ALTER LEBEN
REGIONALPLANUNG BEVÖLKERUNG DEMOGRAFISCH
ALTERSBILDER JUGEND PFLEGEBERUF DIVERSITY
GLEICHHEIT WISSEN BEDÜRFNISSE EHRENAMT SPORT
KULTUR STADT LAND TECHNIK

WANDEL

AMBIENT ASSISTED LIVING QUARTIER
QUARTIERSMANAGEMENT REGIONAL
LANDKREIS KOMMUNE ARBEITSWELT
GESUNDHEIT GESELLSCHAFT
DIGITALISIERUNG TECHNIK

151

Für eine farbige Darstellung des Dokuments nutzen Sie folgenden QR-Code:

1. Einleitung

Der Demografischer Wandel ist weiterhin von entscheidender Bedeutung und wirkt auf alle gesellschaftlich relevanten Thema ein. Das Megathema zieht sich durch alle Lebens- und Arbeitsbereiche wie ein roter Faden. Von der Verbesserung der Vereinbarkeit von Beruf und Familie (Elternzeit, Kita-Plätze, Ganztagsschulen, etc.), über die Notwendigkeit des Erlernens neuer (digitaler) Kompetenzen (in Schule und Beruf) hin zum Fachkräftemangel in Pflegeberufen (neue Ausbildungswege schaffen, digitale Hilfsmittel nutzen, etc.), die Auswirkungen des demografischen Wandels sind bereits jetzt zu spüren. Die Herausforderungen, aber auch Chancen, die dieser Wandel bereits jetzt mit sich bringt, sollen im Netzwerk Regionalstrategie Demografischer Wandel (RDW) identifiziert und gelöst werden.

So hat das Netzwerk bereits 2013 alle Projekte und Produkte in der Region Rhein-Neckar in einem Strategiepapier zusammengeführt. Zudem initiiert das Netzwerk durch den Verband Region Rhein-Neckar selbst Projekte zum Thema Demografie: Das bereits seit sechs Jahren erfolgreich laufende Europäische Filmfestival der Generationen in der Metropolregion Rhein-Neckar oder die Fachkräfteallianz der Metropolregion Rhein-Neckar GmbH sind nur zwei von vielen Beispielen, die darstellen wie die Region das Megathema Demografischer Wandel angeht. Denn die Regionalstrategie Demografischer Wandel beschäftigt sich bereits seit 2006 mit den Herausforderungen und Chancen des demografischen Wandels in der Metropolregion Rhein-Neckar.

Das Netzwerk Regionalstrategie Demografischer Wandel wurde gegründet, um Wirtschaft, Wissenschaft, Verwaltung und Gesellschaft in der Region Rhein-Neckar bei der Bewältigung des demografischen Wandels und die mit ihm verbundenen vielfältigen Chancen und Herausforderungen durch Gestaltungs- bzw. Anpassungsmaßnahmen aufzugreifen und aktiv zu bewältigen.

Dies zeichnet sich durch den Austausch innovativer Ideen und Handlungsempfehlungen, die Durchführung von Projekten und die öffentlichkeitswirksame Außendarstellung der Qualitäten der Region aus.

Um aber die Vielschichtigkeit dieses Megathemas begreifen zu können, muss man im ersten Überblick bei den Bevölkerungsstrukturen beginnen: Wie sieht die Altersstruktur in Deutschland/in der MRN aktuell aus und wie ist die Prognose für die nächsten Jahrzehnte? Und wie wichtig sind diese Themen für die Regionalplanung und Regionalentwicklung in der Region Rhein-Neckar?

Das Netzwerk versucht ganzheitlich das Problem anzugehen. Daher finden sich in allen Themenbereichen Akteure, Projekte und Produkte, die auf die Regionalstrategie Demografischer Wandel einzahlen. Beispielhaft stellen wir hier das Thema Fachkräftesicherung in der Metropolregion Rhein-Neckar, den Arbeitskreis Zukunft Pflege und das Projekt MUP@MRN vor.

2. Demografischer Wandel

Was bedeutet eigentlich demografischer Wandel und wie sieht die Bevölkerungsentwicklung Deutschlands und der Metropolregion Rhein-Neckar aus?

Denn die These „Wir werden immer weniger" ist nicht ganz zutreffend. Doch wie sieht die Bevölkerungsstruktur und vor allem die Altersstruktur in Deutschland und der Rhein-Neckar-Region derzeit und in Zukunft aus?

2.1 Deutschland wird älter

Die Menschen in Deutschland werden immer älter.

Vergleicht man die heutigen Bevölkerungspyramiden mit den Pyramiden vor 20-30 Jahren an, fällt deutlich auf: Ja, wir werden immer älter. Und was noch viel wichtiger ist, die Geburtenrate sinkt ebenfalls.

Wie es statistisch gesehen in 40 Jahren im Bundesgebiet aussehen kann, zeigt anschaulich folgende Grafik:

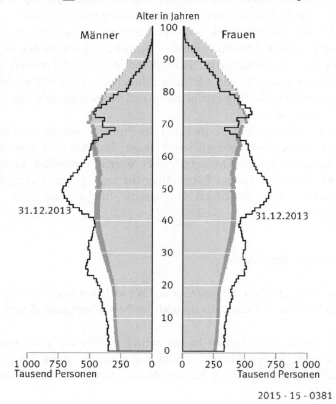

2015 - 15 - 0381

Abb. 1: Altersaufbau der Bevölkerung in Deutschland am 31.12.2013 und am 31.12.2060, © Statistisches Bundesamt (Destatis), 2018

Die schwarze Linie zeigt den Altersaufbau der Bevölkerung von 2013. Die gelb, bzw. orange eingefärbte Bevölkerungspyramide zeigt die Entwicklung bei schwächerer, bzw. stärkerer Zuwanderung. Die Geburten nehmen Jahr für Jahr weiter ab und das Lebensalter wird im Vergleich dazu immer höher.

Die starke Verformung der schwarzen Linie, lässt sich direkt auf historische Ereignisse beziehen: durch den 2. Weltkrieg, die Einführung der

Anti-Baby-Pille (der sogenannte „Pillen-Knick") oder geburtenstarke Jahrgänge, z.B. den Baby Boom in den 60er Jahren. Für die Vorausberechnung bis 2060 ist ein Rückgang der Geburten und der jüngeren Generation zu erkennen, während die älteren und hochaltrigen Jahrgänge deutlich an Masse gewinnen.

Daraus schließt sich, dass der erwerbsfähige Teil der Bevölkerung immer weniger wird, während die Menschen gleichzeitig immer älter werden. Eventuelle Ereignisse, die in der Zukunft den Altersaufbau verändern, können hier natürlich noch nicht einberechnet werden und sind noch nicht abschätzbar. Die Grafik zeigt trotzdem deutlich die Herausforderungen, die der demografische Wandel in den nächsten Jahren und Jahrzehnten mit sich bringt.

2.2 Die Metropolregion Rhein-Neckar wird älter

Das Thema Demografie beschäftigt den Verband Region Rhein-Neckar bereits seit dem Jahr 2006. In diesem Jahr wurde eine SWOT-Analyse durchgeführt, die aufzeigte, dass der demografische Wandel nur durch proaktives Handeln zu bewältigen ist. Neue Herausforderungen sind dabei Chance und Risiko zugleich.

Hatte man in den vergangenen Jahrzehnten noch eine positive Bevölkerungsentwicklung in der Metropolregion Rhein-Neckar zu verzeichnen, änderte sich dies tendenziell Anfang des 21. Jahrhunderts hin zu einer Stagnation, die sich zum Teil jetzt schon in schrumpfenden Gemeinden bemerkbar macht.

Durch das „Regionalmonitoring Rhein-Neckar: Bevölkerung. Bisherige Entwicklung, Lage und zukünftige Trends"[1], auf Basis von Daten bis 2005, konnten im Hinblick auf die Altersstruktur die Abnahme der jüngeren und die Zunahme der älteren Menschen bereits festgestellt werden.

„Die Bevölkerungsverteilung in der Metropolregion Rhein-Neckar ist durch die polyzentrische Siedlungsstruktur mit drei Großstädten und einer Reihe von bedeutenden Mittelstädten geprägt."[2] Somit ist bei der Metropolregion Rhein-Neckar anders als bei anderen Metropolregionen insbe-

---

1 Verband Region Rhein-Neckar: *Regionalmonitoring Rhein-Neckar: Ausgabe Nr. 1*; März 2007.
2 Ders. S. 6.

sondere auch ein Augenmerk auf den ländlichen Teil der Region zu werfen.

Das Regionalmonitoring von 2005 zeigt, dass die Bevölkerung in der Region Rhein-Neckar zwischen 1989 bis 1997 etwa um 145.000 Einwohner gewachsen ist, was sich vor allem durch die deutsche Wiedervereinigung und die nachfolgende Wanderungswelle von Ost- nach Westdeutschland und zudem einer hohen Zuwanderung von Spätaussiedlern aus Osteuropa erklärt.

Von 1997 bis 2005 verlangsamte sich das Wachstum der Region Rhein-Neckar deutlich. Für die Region prägend war ein „Nebeneinander von moderat wachsenden oder schrumpfenden Gemeinden über alle Gemeindegrößen hinweg."[3]

Trotzdem zeigt sich in den Daten, die derzeit bis 2015 führen, ein stetiges Wachstum in der Metropolregion Rhein-Neckar.

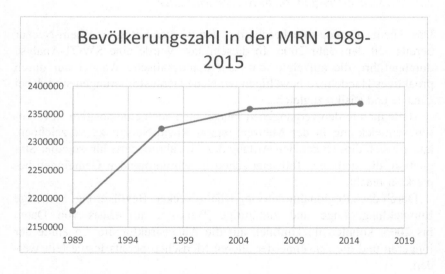

Abb. 2: Bevölkerungszahl 1989-2015, © VRRN

Für die Bevölkerungsentwicklung ist aber vor allem die Altersstruktur entscheidend. Ein Vergleich zwischen den Jahren 2005 und 2015 macht es deutlich: Die Bevölkerungsanzahl steigt insgesamt, jedoch sinkt die Rate

---

3 Ders. S. 11.

der unter 20-jährigen von Jahr zu Jahr, während die über 59-Jährigen immer zahlreicher werden.

Bevölkerungsstruktur in der MRN im Vergleich (2005-2015)

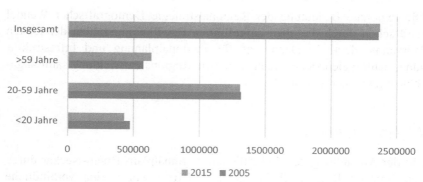

Abb. 3: Bevölkerungsstruktur in der MRN im Vergleich, © VRRN

Zwei Faktoren sind bei der Bevölkerungsentwicklung generell entscheidend: die Geburten bzw. Sterberate und die Zu- und Fortzüge. Vergleicht man diese, stellt man fest, dass in der gesamten Rhein-Neckar-Region ab 2000 in über der Hälfte der Gemeinden negative natürliche Bevölkerungswachstumszahlen zu verzeichnen sind, während die Zahl der Zuwanderungen in mehr als der Hälfte der Gemeinden stetig steigt.

Mittelfristig war dadurch keine spürbare negative Bevölkerungsentwicklung in der Metropolregion Rhein-Neckar zu erwarten. Vielmehr trifft hier die Aussage zu, dass die Bevölkerung in der MRN nicht weniger wird, sondern sich anders verteilt.

Die bevölkerungsentscheidenden Faktoren haben sich natürlich über die Jahre immer wieder schwerpunktmäßig verändert, wurden bewältigt oder sind neu aufgetreten. So hat beispielsweise das Thema Migration und Integration nach 2016 Fahrt aufgenommen und wurde von uns als Schwerpunktthema in die Regionalstrategie Demografischer Wandel aufgenommen.

Auch das Megathema Digitalisierung blieb in Bezug auf das Thema Demografie nicht unberührt. Denn neue Technologien sind für alle Altersstufen hochinteressant und relevant. Seien es neue Formen des lebenslangen Lernens, die Entwicklung neuer Kompetenzen, neue Arbeitsstrukturen oder digitale Hilfsmittel zur Teilhabe älterer Menschen.

3. Bedeutung der Regionalstrategie Demografischer Wandel

Die regionale Bedeutung der Regionalstrategie Demografischer Wandel wird schon durch die eben aufgeführten Bevölkerungszahlen der letzten Jahrzehnte deutlich. Denn was für Regionalplanung und Infrastruktur zählt, zählt gleichbedeutend auch für die Regionalentwicklung samt angeschlossener Themenbereiche.

3.1 Regionalplanung

Mit der Aufstellung des Einheitlichen Regionalplans Rhein-Neckar durch den Verband Region Rhein-Neckar (VRRN) wurde eine verbindliche Grundlage für die räumliche Entwicklung der gesamten Metropolregion Rhein-Neckar geschaffen.

Denn nur, wenn man sieht, wo in der Region welche Altersstrukturen vorherrschen, kann die Regionalplanung passende Siedlungsflächen ausweisen oder die Infrastruktur in bestimmten Bereichen stärken.

Auf dieser Grundlage soll auch die gemeinschaftliche Regionalentwicklung in der Metropolregion Rhein-Neckar weiterentwickelt und vorangebracht werden. Die Ziele und Grundsätze des Regionalplans sind darauf ausgerichtet, die hohe Attraktivität der Region als Lebens- und Wirtschaftsstandort zu sichern und weitere Entwicklungschancen zu gewährleisten.

Die Region und insbesondere die in ihr lebenden und arbeitenden Menschen sind ständig in Bewegung: Wohnen z.B. an der hessischen Bergstraße, arbeiten in Ludwigshafen und gehen in Mannheim einkaufen. Dementsprechend ist ein Megathema, wie der Demografische Wandel und seine Auswirkungen direkt auf die Region natürlich auch ein Thema in der Regionalplanung.

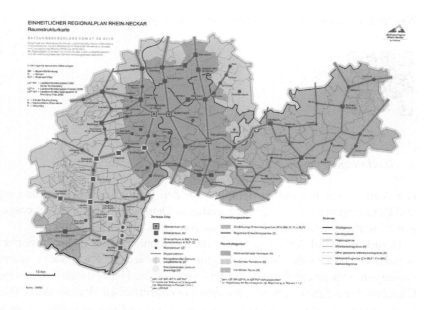

Abb 4: Einheitlicher Regionalplan Rhein-Neckar, ©VRRN

3.2 Regionalentwicklung

Nicht nur für die Regionalplanung ist das Thema Demografie entscheidend. Im Bereich der Regionalentwicklung soll die gemeinschaftliche Regionalentwicklung in der Metropolregion Rhein-Neckar weiterentwickelt und vorangebracht werden.

Dabei geht es um die Sicherung und Steigerung der Attraktivität der Region, z.B. zur Fachkräftesicherung oder die Arbeit über „fachliche, organisatorische und regionale Grenzen hinweg"[4].

Die Regionalstrategie Demografischer Wandel (RDW) wurde gegründet, um die Aktivitäten der Regionalplanung und Regionalentwicklung zur Gestaltung des demografischen Wandels in der MRN zu bündeln und zu vernetzen.

---

4 MRN-Vision 2025.

Weitere Informationen unter: www.m-r-n.com/regionalplanung

4. Handlungsauftrag der Metropolregion Rhein-Neckar

Der Auftrag der Region ist demnach, in den Bereichen Regionalplanung und Regionalentwicklung dem Megathema Demografischer Wandel entgegen zu wirken und diesen durch proaktives Handeln zu bewältigen.

Daraus entstand 2008 das Netzwerk Regionalstrategie Demografischer Wandel (RDW) in der Metropolregion Rhein-Neckar. Zwei Jahre später wurde ein Strategiepapier aufgesetzt, welches die Herausforderungen und Chancen der Region in Bezug auf den Demografischen Wandel darstellte, Forderungen an Wirtschaft und Politik aufsetzte und beispielhafte Projekte vorstellte.

Nachdem im Jahr 2013 das Strategiepapier erstmalig fortgeschrieben wurde und dieses mit bereits bestehenden Projekten und Produkten aufgefüllt wurde, überarbeitete der Verband Region Rhein-Neckar dieses im Jahr 2017 ein zweites Mal. Denn unter anderem wurde das Megathema Digitalisierung bis dato nicht ausreichend berücksichtigt.

Als Chancen bezüglich der Gestaltung des demografischen Wandels in der Metropolregion Rhein-Neckar werden Produkte und personennahe Dienstleistungen in den Bereichen Gesundheit, Lebensqualität und Betreuungsdienste; die Digitalisierung des Gesundheitsangebots und der Pflege gesehen. Auch die Arbeitswelt der Zukunft (Arbeit 4.0), die zukünftige Bildung, das Erlernen neuer Schlüsselkompetenzen und die Digitalisierung (fast) aller Lebensbereiche dient als wichtiges Werkzeug für eine wirtschaftlich starke Region. Der Ausbau und die Verbesserung der Gründungsquote soll weiter in der Rhein-Neckar Region gestärkt werden.

Um eine weitere Vernetzung der einzelnen Teilräume mit unterschiedlichen Entwicklungspotenzialen hin zu einer polyzentrischen Region anzustreben, werden weiterhin Maßnahmen ergriffen. Ebenso ist das Thema Migration und Integration weiterhin von großer Wichtigkeit für ein gutes Zusammenleben und –arbeiten in der Region.

Als Risiken werden gleichzeitig Überalterung und Bevölkerungsrückgang, Migration und Integration, der Fachkräftemangel und die Abwanderung von Hochschulabsolventen gewertet. Insbesondere die Veränderung der Grund- und Nahversorgung in ländlichen Gebieten und der Versorgungs- und Infrastrukturen sind bereits jetzt spürbar. Die Überforderung in der Bildung und der Erlernung von Schlüsselkompetenzen im Zeitalter der Digitalisierung wird nicht nur als Chance, sondern auch als Risiko angesehen. Daher wurden bereits in den letzten Jahren Projekte und Arbeitskreise initiiert, die den entstehenden Risiken entgegenwirken und beispielsweise die Nahversorgung im ländlichen Raum oder die Teilhabe älterer Menschen durch die Digitalisierung verbessern sollen.

4.1 Akteure

Die Akteure des Netzwerks Regionalstrategie Demografischer Wandel setzen sich zusammen aus Vertretern der Wirtschaft, Wissenschaft, Verwaltung und Gesellschaft. Der Austausch von Ideen und Handlungsempfehlungen unter den Netzwerkmitgliedern erfolgt bei regelmäßigen Treffen. Darüber hinaus sind in der RDW auch weitere Mitgliedsnetzwerke aktiv, die die Thematik des demografischen Wandels aufgreifen und an ihre Mitglieder weitergeben. Beispielhaft sind hier die Fachkräfteallianz, das Netzwerk Betriebliches Gesundheitsmanagement in der MRN zu nennen.

4.1.1 Prozesse

Das Netzwerk RDW berücksichtigt bestehende „Produkte" und laufende Aktivitäten sowie sämtliche Akteure in der Region. Es wird weiterhin Mitstreiter geben, die bislang noch nicht erfasst wurden. Dennoch sind die zentralen Akteure und Projekte identifiziert worden, womit eine in Qualität und Breite optimale Datengrundlage geschaffen wurde. Die Liste der Demografie-Projekte und -Akteure in der MRN kann beim Verband Region Rhein-Neckar angefordert werden.

4.1.2 Was wir tun

Das Netzwerk Regionalstrategie Demografischer Wandel setzt sich aus verschiedenen, bereits bestehenden Netzwerken zusammen und agiert somit als Metanetzwerk.

Der im ‚Selbstverständnis' der Metropolregion formulierte Satz: „Wir arbeiten in der Metropolregion Rhein-Neckar über fachliche, organisatorische und regionale Grenzen hinweg partnerschaftlich eng zusammen und erreichen so unsere herausragende Innovationsstärke." wird letztlich durch den RDW-Ansatz, als Netzwerk der Netzwerke bzw. als Metanetzwerk zu agieren, im Besonderen mit Leben erfüllt. Durch diesen integrierten Ansatz einer vertikalen (über Ebenen) wie horizontalen (über Bereiche) Vernetzung – unter Berücksichtigung des gesellschaftlichen Wandels (u.a. angestoßen durch äußere Veränderungen, wie z.b. den technischen Wandel) - verbunden mit der immer weiter steigenden Bedeutung der Gestaltung des Demografischen Wandels als Querschnittsaufgabe, rückt das RDW-Netzwerk an eine zentrale Stelle der Netzwerkaktivitäten innerhalb der Metropolregion Rhein-Neckar.

So ist nicht nur der Austausch von innovativen Ideen und Handlungsempfehlungen wichtiger Bestandteil des RDW-Netzwerks, sondern auch die Durchführung von Projekten und die öffentlichkeitswirksame Außendarstellung der Qualitäten der Region, die zur Gestaltung des demografischen Wandels beitragen.

5. Fachkräftesicherung

Laut der Bundesregierung soll auch in dieser Legislaturperiode die Erwerbsbeteiligung weiter gestärkt werden. Denn obwohl es noch keinen flächendeckenden Fachkräftemangel in Deutschland gibt, verstärkt sich dieser doch zunehmend.[5] Um dem Fachkräftemangel in Deutschland entgegenzuwirken, muss das Augenmerk auf verschiedene Berufsgruppen gelegt und diese gefördert werden.

Dazu schreibt das Bundesministerium für Wirtschaft und Energie: „Besonders die Potenziale bei Frauen, Älteren, Menschen mit Migrationshin-

---

5 Vgl. Bundesministerium für Wirtschaft und Energie: *Fachkräfte für Deutschland*. Abgerufen am 24.5.2018. https://www.bmwi.de/Redaktion/DE/Dossier/fachkraeftesicherung.html.

tergrund und Jugendlichen ohne Ausbildung sowie Menschen mit Behinderung können stärker genutzt werden. Vielfalt ist ein wichtiger Beitrag zum Unternehmenserfolg. Daneben steht besonders bei Engpassberufen die Ansprache internationaler Fachkräfte im Fokus."[6]

Wie lösen wir den bereits jetzt schon in manchen Teilberufen vorherrschenden Fachkräftemangel in der Metropolregion Rhein-Neckar?

Rhein-Neckar ist ein starker Wirtschaftsstandort. Dementsprechend gut ist die Lage am Arbeitsmarkt. Die Arbeitslosenquote liegt regelmäßig unter dem ohnehin niedrigen Bundesdurchschnitt. Gleichzeitig haben bestimmte Unternehmen zunehmend Schwierigkeiten, ihren Fachkräftebedarf adäquat zu decken. Dies ist kein Einzelfall in der Metropolregion Rhein-Neckar, sondern im gesamten Bundesgebiet. Betroffen sind u.a. die Branchen Elektrotechnik, Pflege und Chemie. Durch die Folgen des demografischen Wandels rechnen weitere Betriebe und Branchen künftig mit Engpässen. Um diesen bereits bestehenden oder zukünftigen Engpässen entgegenzuwirken hat die Regionalstrategie Demografischer Wandel bereits Projekte initiiert und arbeitet stets an innovativen Lösungen.

5.1 Was die Region für die Fachkräftesicherung tut

Um den regionalen Arbeitsmarkt zu stärken wurden in der Metropolregion Rhein-Neckar bereits verschiedene Schritte eingeleitet. Arbeitsgrundlage bilden der halbjährlich veröffentlichte regionale Arbeitsmarktbericht der Arbeitsagenturen und die Online-Datenbank „Wirtschafts-, Arbeitsmarkt- und Sozial-Monitoring", die die wichtigsten Eckwerte zum Arbeitsmarkt bündelt.

---

6 Ders.

Unter www.rhein-neckar-upgrade.de können Sich Fachkräfte über die vielfältigen Karriere und Lebensmöglichkeiten der Region informieren. Von der Vorstellung verschiedener Branchen bis zu Freizeit- und Kultur-tipps, zeigt die Internetseite, wie lebenswert unsere Region Rhein-Neckar ist. Diese virtuelle Visitenkarte der Metropolregion Rhein-Neckar trägt da-zu bei, regionalen Unternehmen bei der Mitarbeiter-Suche auf dem natio-nalen und internationalen Markt zu helfen. Potenzielle Bewerber bekom-men über die Seite *Abb. 5: Upgrade Your Life, ©MRN GmbH* auf Anhieb einen emotionalen Eindruck, wie das Umfeld Rhein-Neckar ihr Leben auf-zuwerten vermag – von interessanten Jobs in Wirtschaft und Wissenschaft über vielfältige Möglichkeiten zur Freizeitgestaltung bis zur Vereinbarkeit von Familie und Beruf.

Ein weiterer Baustein ist die Fachkräfteallianz Rhein-Neckar:

Sie ist ein Bündnis für den regionalen Arbeitsmarkt. Ziel ist es, kleine und mittelständische Unternehmen im Wettbewerb um die besten Köpfe und Talente zu unterstützen. Die „Fachkräfteallianz Rhein-Neckar" ist eine von zwölf Allianzen in Baden-Württemberg. Sie gehört zudem zu den neun Allianzen, die im Rahmen der Landesinitiative „Allianz für Fachkräfte Baden-Württemberg" finanziell gefördert werden. Folgende Ziele wurden hierfür schwerpunktmäßig gelegt:

- Berufliche Ausbildung verstärken
- Beschäftigung von Frauen steigern
- Personen mit Migrationshintergrund stärker in den Arbeitsmarkt integrieren
- Vollzeitbeschäftigungsniveau erhöhen
- Beschäftigtenzahl im Mangelberuf Ingenieurwesen steigern
- Gezielte Zuwanderung

Viele hier abgebildeten Ziele werden bereits in der Rhein-Neckar-Region erfolgreich verfolgt. Die Fachkräfteallianz dient hierbei vor allem dem Wissenstransfer. Für die Metropolregion Rhein-Neckar ergibt sich daraus die Chance, Projekte für kleine und mittlere Unternehmen weiterzuentwickeln oder neu zu konzipieren. Diese werden zunächst im baden-württembergischen Teil der Region umgesetzt und sollen nach erfolgreicher Erprobung auch in den beiden anderen Landesteilen angewendet werden. Im ersten Schritt ist geplant, Instrumentarien zu entwickeln, die vorhandenes Wissen und Angebote bündeln und transparent machen.

5.2 Was die Regionalstrategie Demografischer Wandel für die Fachkräftesicherung tut

In Übereinstimmung mit den Zielen der Demografiepolitik der Bundesregierung besteht ein übergreifendes Ziel darin, auch regional das Wirtschaftswachstum zu verstetigen und die Potentiale, die für die Menschen und die Wirtschaft in der Region liegen, weiter zu stärken und stetig auszubauen. Dabei sind Menschen und Familien für das Netzwerk Regionalstrategie Demografischer Wandel der Ausgangspunkt für Handlungen und Aktionen.

Darunter zählen beispielhaft die Sicherung der Fachkräftebasis, die Vereinbarkeit von Familie und Beruf sowie die Themenkomplexe Bildung und Digitalisierung. In den folgenden beiden Unterkapiteln werden deshalb exemplarisch zwei aktuelle Beispiele vorgestellt: Der Arbeitskreis Zukunft Pflege kümmert sich gemeinsam mit den Arbeitsagenturen und Netzwerkpartnern aus dem Bereich Pflege um aktuelle Themen zur Fachkräftegewinnung und –sicherung im Berufsfeld Pflege. Das Projekt MUP@MRN ist ein regionales Employee Assistance Program (EAP), eine Mitarbeiterberatung in allen Lebenslagen, das erstmalig kleinen und mittleren Unternehmen zur Verfügung gestellt werden soll.

Weitere Informationen unter: www.m-r-n.com/rdw

5.3 Ein Beispiel aus der Praxis – Arbeitskreis Zukunft Pflege

Seit 2011 setzt sich der gemeinsame Arbeitskreis „Zukunft Pflege" der Bundesagentur für Arbeit und des Netzwerks „Regionalstrategie Demografischer Wandel" dafür ein, Fachkräfte für das Gesundheitswesen in der Metropolregion Rhein-Neckar zu gewinnen. Bereits heute fehlt insbesondere in der ambulanten und stationären Pflege qualifiziertes Personal. Der demografische Wandel wird diese Situation weiter verschärfen. Vor diesem Hintergrund liegen die gemeinsamen Bemühungen des Arbeitskreises darin, Geringqualifizierte sowie Geflüchtete und Menschen mit Migrationshintergrund durch entsprechende Qualifizierungsmaßnahmen in den regionalen Arbeits- und Ausbildungsmarkt zu integrieren.

2. Fachtagung Pflegeberufe „Verschiedene Wege – ein Erfolg", © VRRN

Ein Schritt hierzu war die 1. Fachtagung „Pflegeberufe – Chancen und Zukunftsperspektiven für Geflüchtete in der Metropolregion Rhein-Neckar", die Anfang 2017 stattfand. Personalverantwortliche im Pflegebereich wurden bei der Veranstaltung darüber informiert, wie durch frühzeitige, niederschwellige und praxisorientierte Qualifizierungsangebote im Berufsfeld Pflege, Fachkräfte gewonnen werden können. Im Fokus stand dabei die Arbeitsmarkintegration von Menschen mit Migrationshintergrund und insbesondere von Geflüchteten und Asylsuchenden. Experten gaben bei der Veranstaltung Antworten auf Fragen wie „Wie kann die Integration von Menschen mit Migrationshintergrund – insbesondere Flüchtlingen – in der Pflege gelingen?" oder „Welche Fördermöglichkeiten bieten die Agenturen für Arbeit und die Jobcenter?".

Zur zweiten Auflage der Fachtagung Pflege am 07. März 2018 in Ludwigshafen erschienen mehr als 200 Fachkundige und Interessierte. Unter dem Motto „Verschiedene Wege – ein Erfolg" berichteten Experten von ihren Erfahrungen hinsichtlich der Fachkräftesicherung im Bereich Pflege. Ziel der Fachtagung war es, die Problematik der Sicherstellung einer langfristigen Versorgung in der Metropolregion Rhein-Neckar gemeinsam aktiv anzugehen und nachhaltige Lösungswege aufzuzeigen. Um den steigenden Personalbedarf zu decken, rücken für immer mehr Einrichtungen neben jungen Menschen auch weiterhin Personen mit Migrationshinter-grund in den Mittelpunkt.

Weitere Informationen unter: www.m-r-n.com

5.4 Ein Beispiel aus der Praxis – MUP@MRN

Ein Employee Assistance Program (EAP) – auch Mitarbeiterunterstüt-zungsprogramm (MUP) genannt – ist ein niederschwelliges Angebot, mit dem Unternehmen ihren Beschäftigten die Möglichkeit geben, bei Proble-men jeglicher Art einen ersten Ansprechpartner zu kontaktieren. Diese vertrauliche Anlaufstelle hilft bei Problemen und Sorgen aus allen Lebens-lagen durch eine direkte Kurzzeitintervention und vermittelt bei Bedarf auch den Weg in Hilfsangebote und Versorgungssysteme.

Wissenschaftliche Studien belegen den großen Nutzen für die Gesund-heit und das Wohlbefinden der Beschäftigten ebenso wie den betriebswirt-schaftlichen Nutzen für die Unternehmen. Ein solches Angebot ist auf dem freien Markt momentan nur von größeren und Großkonzernen buch-bar. Das MUP@MRN bietet KMU's erstmalig die Gelegenheit, diese Maßnahme des betrieblichen Gesundheitsmanagements für ihr Unterneh-men zu buchen.

Zudem soll eine Plattform zur allgemeinen Information und zur Kon-taktaufnahme per Chat / per E-Mail erstellt werden. Bisherige EAP's sind nur telefonisch beratend tätig sind. Damit fungiert die Metropolregion Rhein-Neckar als Leuchtturmregion.

MUP@MRN ist Teil des bundesweiten Projektvorhabens „psyGA" (psychische Gesundheit in der Arbeitswelt) und wird vom Bundesministe-rium für Arbeit und Soziales im Rahmen der Initiative Neue Qualität der Arbeit (INQA) gefördert.

Das Projekt soll diese Form des betrieblichen Gesundheitsmanagements flächendeckend in der Metropolregion Rhein-Neckar auch kleineren und mittleren Unternehmen sowie Verwaltungen (und etwaigen weiteren Arbeitgebern mit ähnlichen Mitarbeiterzahlen) zugänglich machen. In der Metropolregion soll das Projekt pilotiert werden und sich nach Beendigung der Projektlaufzeit selbst tragen können. Dabei ist ein Produkt geplant, das nachhaltig in der Region wirkt und als Konzept auf weitere Regionen in Deutschland ausweitbar ist.

Zunächst soll ein Verein gegründet werden, wobei auch regional wichtige Akteure eingebunden werden. Eine einzustellende hauptamtliche Fachleitung erarbeitet zusammen mit dem Projektteam die detaillierte Ausgestaltung des fachlichen Konzeptes. Ein Kern wird dabei ein freies Berater-Team sein, das aufgebaut und koordiniert wird. Als Werkzeug ist unter anderem eine „Wissensmanagement"-Plattform angedacht. Innerhalb der dreijährigen Projektphase werden Strukturen aufgebaut, Unternehmen gewonnen und das Angebot verstetigt. Das Beratungskonzept soll dynamisch sein und während der Projektphase evaluiert und verbessert werden. Auch Mitgliederwerbung, Marketing und Bekanntheitssteigerung sind zentrale Ziele. Nach der Projektphase soll sich der Verein selbst tragen und nachhaltig in der Region wirken.

Weitere Informationen unter: www.m-r-n.com/mup

6. Summary

Die Bevölkerungsstrukturen in Deutschland, aber auch in der MRN, ändern sich in den kommenden Jahrzehnten weiter hin zu einer alternden Gesellschaft. Durch die sinkende Geburtenrate und die steigende Lebenserwartung entstehen bereits jetzt Probleme in verschiedenen Lebenslagen. Auch die Wirtschaft ist durch den Fachkräftemangel in einzelnen Branchen bereits jetzt schon davon betroffen.

Um den zahlreichen Herausforderungen gewachsen zu sein, setzt sich die Metropolregion Rhein-Neckar schon seit langer Zeit dafür ein, diese zu identifizieren und zu meistern. Das Feld, in dem sich die Querschnittthemen bewegen ist jedoch sehr umfangreich. Deshalb agiert das Netzwerk Regionalstrategie Demografischer Wandel in vielen Teilbereichen, setzt Anreize, vernetzt und agiert als Meta-Netzwerk. Zusätzlich verbessert die Rhein-Neckar-Region mit verschiedenen Projekten in den Bereichen Vereinbarkeit von Beruf und Familie/Pflege, Bildung, Lebenslanges Lernen, Fachkräftesicherung, Digitalisierung, betriebliches Gesundheitsmanagement oder Integration und Migration die regionalen Rahmenbedingungen.

Ebenso ist die Zusammenarbeit mit den Agenturen für Arbeit in der Region und den Kammern (IHKn und HWKn) eine wichtige tragende Säule, um die Strategie mit Leben auszufüllen. Weiteres Engagement von Dritten ist gern gesehen.

Inhaltlich lebt das Netzwerk von der stetigen Weiterentwicklung. Ging es am Anfang des Engagements zum Beispiel noch um die Sensibilisierung von barrierefreien Zugängen zu Rathäusern, ist dies mittlerweile (zumindest bei Renovierungen und Neubauten) eine Selbstverständlichkeit. Neue, große Herausforderungen sind dafür hinzugekommen. Gerade die Digitalisierung ist dabei eine große Herausforderung und große Chance zugleich, zahlt sie doch in vielfältiger Weise auf den Demografischen Wandel ein. Die Geschwindigkeit der Entwicklung digitaler Angebote legt unter anderem auch ein Augenmerk auf die Bedienbarkeit der mobilen Endgeräte wie Smartphones und Tablets - diese ist gerade in der Altersgruppe 60+ nicht grundsätzlich als gegeben vorauszusetzen, so dass hier ein Bildungsbedarf entstanden ist. Im Bereich von Ambient Assisted Living können digitale Werkzeuge einen selbstbestimmten Alltag in der eigenen Wohnung angenehmer und länger möglich machen.

Auch wenn das Thema Demografischer Wandel nicht mehr in aller Munde und von anderen gesellschaftlichen Megatrends in der Berichterstattung verdrängt worden ist, bleibt das Thema von höchster Wichtigkeit. Dabei entwickeln sich das Thema und die Lösungsansätze im Tempo des gesellschaftlichen Wandels mit und werfen daher immer wieder neue Fragestellungen auf. Das Netzwerk Regionalstrategie Demografischer Wandel in der Metropolregion Rhein-Neckar wird sich weiter um die positive Gestaltung, die Sensibilisierung für das Thema und die Gewinnung weiterer Netzwerkpartner kümmern, um den Menschen in der Region, generationenübergreifend und unabhängig vom Alter, optimale Rahmenbedingungen für ein selbstbestimmtes, chancengleiches Leben zu ermöglichen – in einer der attraktivsten Regionen Europa: In Rhein-Neckar.

Autorenverzeichnis

Dr. Kirsten Mangels, Technische Universität Kaiserslautern

Dr. Klaus Opfermann, Weinheim

Prof. Dr. Norbert Schneider, Direktor des Bundesinstituts für Bevölkerungsforschung Wiesbaden

Prof. Dr. Gunnar Schwarting, Deutsche Universität für Verwaltungswissen-
schaften Speyer

Prof. Dr. Dr. h.c. Karl-Peter Sommermann, Deutsche Universität für Verwal-
tungswissenschaften Speyer

Dipl. Ing. Julia Wohland, Technische Universität Kaiserslautern

Publikationen zum J.J. Becher-Preis

Karl-Peter Sommermann (Hrsg.)
Sachverständige Politikberatung: Funktionsbedingung oder Gefährdung der Demokratie?
Preisträger: Dr. Enrico Peuker (Jena)
Nomos Verlagsgesellschaft, Baden-Baden 2016

Heinrich Reinermann (Hrsg.)
Mobilität mit Intelligenz
Strategien für die Bewältigung der logistischen Herausforderungen der Zukunft
Johann Joachim Becher-Preis 2009
Nomos Verlagsgesellschaft, Baden-Baden 2011

Hans Güsten und Heinrich Reinermann (Hrsg.)
Die Chemie zwischen Hoffnung und Skepsis - Wege zur Vertiefung von Wissen und Verständnis in Chemie und Technik
Johann Joachim Becher-Preis 2007
Nomos Verlagsgesellschaft, Baden-Baden 2008

Heinrich Reinermann (Hrsg.)
Das Dilemma der modernen Medizin – Gratwanderung zwischen Machbarkeit, Sinnhaftigkeit und Bezahlbarkeit
Johann Joachim Becher-Preis 2004
Nomos Verlagsgesellschaft, Baden-Baden 2006

Brigitte Falkenburg
Wem dient die Technik?
Johann Joachim Becher-Preis 2002:
Die Technik - Dienerin der gesellschaftlichen Entwicklung?
Herausgegeben von der J.J. Becher-Stiftung, Speyer
Nomos Verlagsgesellschaft, Baden-Baden 2004

Heinrich Reinermann und Christian Roßkopf (Hrsg.)
Merkantilismus und Globalisierung
Johann Joachim Becher-Preis 1999:
Schriften zur öffentlichen Verwaltung und öffentlichen Wirtschaft, Band 168
Nomos Verlagsgesellschaft, Baden-Baden 2000